C000203087

« À tous ces élus qui ont ruiné la France
N'ayez nullement la moindre repentance
L'unique raison de votre incompétence
Reste l'électeur qui vote sans intelligence »

© 2013, Eric Van Effenterre

Edition : BoD - Books on Demand, 12/14 rond-point des Champs Elysées, 75008 Paris
Imprimé par Books on Demand GmbH, Nordersedt, Allemagne

ISBN : 9782322004119
Dépôt légal : janvier 2013

Sommaire

Introduction
Le dévoiement politique

L'euphorie électorale
Les élections sans objet
Les fausses majorités
Les promesses démagogiques

La désillusion masquée
Les bilans cachés
Les arènes de la diversion
L'industrie de l'assistanat

La consécration des profiteurs
L'asservissement des prélèvements
L'impunité des ordres
Le commerce inéquitable

Conclusion
Liberté, Égalité, Responsabilité

Introduction

Le dévoiement politique

Les démocrates soucieux de porter un jugement objectif sur la situation socio-économique de leur pays effectuent aujourd'hui un accablant constat : la très grande majorité des États ayant choisi un régime politique où les citoyens exercent le pouvoir sont financièrement et moralement ruinés. La Communauté Économique Européenne incarne on ne peut mieux cette déchéance ; ses membres fondateurs sont en cessation des paiements et environ quatre-vingts millions de ses citoyens vivent sous le seuil légal de pauvreté.

La France illustre parfaitement le déclin et le désarroi de l'Europe Occidentale. Bien que n'appartenant pas aux dictatures où règne la loi du parti unique soutenu par le bras armé de la répression, elle a pourtant réussi une véritable prouesse, parvenir au statut peu enviable de république betteravière. Depuis des décennies, un banal légume, adulé par Napoléon Bonaparte lui-même, permet en effet à la classe politique française de se sucrer tout aussi avantageusement que le fruit symbolisant les républiques bananières. Les élus franchouillards ont dévoyé la démocratie pour s'octroyer des privilèges indécents en échange d'une politique d'assistanat qui a anéanti l'envie et la possibilité de prospérer.

L'expression « Démocrotte » pourrait heurter la conscience des partisans de la consultation populaire à répétition mais se justifie pleinement ; sa terminologie faisant référence à un processus insidieux de putréfaction soulevant le cœur des vrais démocrates. Le Général de Gaulle, dont les troubles bipolaires lui autorisaient des visions allant de l'Atlantique jusqu'à l'Oural, avait pressenti ce déclin et dénonça dès 1968 la forte chienlit collectiviste qui commençait à envahir les rues. Comme quoi les grands nez, dotés d'un flair hors pair, peuvent prédire la destinée des peuples !

Dans leur grande majorité, les élus français sont dépassés par la réalité de la situation économique et sociale de leur pays. Trop nombreux et mal formés, ils n'ont plus le niveau de compétence et l'éthique que demande un service public performant. Englués dans la protection de leur statut et paralysés par la peur de déplaire, ils se refusent à prendre les mesures courageuses qui s'imposent. Cet immobilisme est aggravé par une fuite en avant qui reporte sans cesse le constat de la faillite, un avantage princier dont les chefs d'entreprise ou les particuliers ne peuvent nullement se prévaloir. Afin d'expliquer comment le faisandage s'installe dans un corps électoral, nous ferons donc référence dans cet ouvrage aux pratiques d'un État benchmark, la France. Ceci évitera au lecteur de se disperser entre des dizaines de républiques qui se délitent tout autant.

Il est indispensable de comprendre que la faillite morale d'une nation résulte d'une conjonction de facteurs dont l'enchaînement est inéluctable. Ceci n'est nullement le fruit du hasard, mais une suite parfaitement logique et organisée de pratiques aboutissant à l'effondrement d'une démocratie. Oubliez le camembert, le champagne et la Tour Eiffel ! La France offre au reste du monde un superbe modèle politique : la « Démocrotte ».

Avec, en 2010, une dette publique dépassant les mille cinq cents milliards d'euros, soit environ six fois les recettes annuelles de l'État, la France ne pourra éviter une annonce officielle mais amphigourique de cessation des paiements, terme traduisant l'impossibilité de pouvoir rembourser ce que l'on doit. Il suffirait cependant de ne pas remplacer les fonctionnaires nés lors du baby-boom, et qui prennent leur retraite, pour conjurer une telle déchéance. Mais une croissance anémique, provoquée par une compétitivité et un pouvoir d'achat en berne, va obliger les élus à regonfler les effectifs dans la fonction publique afin de masquer la réalité du chômage.

En France, la dette publique reste confidentielle dans l'indifférence générale alors qu'elle devrait s'afficher en permanence sur un bandeau lumineux accroché au fronton du Ministère des Finances. Celui-ci la réactualiserait au jour le jour, en s'inspirant du Téléthon, avec l'espoir de soulager les victimes de la taxation compulsive, une maladie débilitante incurable.

Également, pour une meilleure prise de conscience, le crucifix poussiéreux de la chambre à coucher est à troquer d'urgence contre une vraie croix : la dette par foyer fiscal imposable. Un tel emblème de la foi aveugle envers l'État doit rappeler aux contribuables qu'un tiers d'entre eux ne paient pas d'impôt sur le revenu et ne sont guère concernés par les déficits publics, un privilège réservé à environ dix-neuf millions d'« happy few ». Pour les heureux foyers favorisés, la modeste somme de mille cinq cents milliards divisée par dix-neuf millions donne environ soixante-dix-neuf mille euros, une charge qui s'apparente finalement à un insurmontable fardeau. Un couple représentatif des classes moyennes, avec trois enfants et un salaire mensuel net de 3.000 euros, se trouve donc en situation de faillite personnelle puisque son ardoise fiscale dépasse deux ans de revenus, sans aucun actif en garantie. Dès qu'il aura lu ces lignes, un conseil en argent : vite se rendre à la Banque de France pour retirer son dossier de surendettement !

La décoration est une chose, le calcul une autre. Face à une exposition chiffrée et populiste des déficits, les petits et hauts fonctionnaires haussent les épaules et raillent. Complices d'un désastre prévisible de longue date mais claquemurés dans le devoir de réserve associé au carriérisme et au clientélisme, les élus quant à eux ne perçoivent ni le besoin ni l'urgence de fournir des explications autorisant un débat national. La preuve de leur désinvolture est incroyablement patente.

Demandez donc au représentant de votre choix le temps qu'il faudrait, selon lui, pour résorber la dette de la nation si l'on augmentait, par exemple, les quatre premières ponctions fiscales de l'État comme suit : taux unique de TVA à 25 %, taxe sur les produits pétroliers de 70 %, plafond de l'impôt sur le revenu des personnes physiques à 70 % et impôt sur les sociétés de 40 %.

Soyez prêt à lui promettre votre voix lors du prochain scrutin en cas de bonne réponse. Et tout le monde peut jouer : maire, député, conseiller général, sénateur et j'en passe, exception faite de l'amant ou la maîtresse qui vous larguerait pour cause de pauvreté avérée. Tentez votre chance en toute quiétude ! Personne ne saura vous répondre, signe révoltant que les élus créent et laissent filer les déficits publics sans s'inquiéter de savoir comment et quand les rembourser. Quels sont les ménages ou les sociétés qui pourraient se permettre un tel apanage devant leur banquier ?

Politiquement parlant, la France est devenue le dernier bastion survivant de la pensée unique, mijotée à la sauce rouge de l'ère soviétique. Cette couleur collectiviste a déteint en un rose socialiste du plus mauvais effet depuis mai 1968, lorsqu'une présidence gaullienne usée par dix années de règne laissa lâchement s'instaurer une médiocratie syndicale. Depuis plus de quarante ans, l'achat à crédit d'un électorat prive le pays des investissements nécessaires pour affronter les mutations de l'économie mondiale.

En ce qui concerne le progrès, il est fatal d'entretenir l'illusion de l'attentisme. Comme le dit si bien l'adage « *Make history or be history* », faites l'histoire ou faites partie du passé. Etouffée par la pensée collectiviste, la France s'est appauvrie en comparaison des autres pays de manière inexcusable. Alors qu'elle occupait dans les années soixante le quatrième rang mondial en termes de Produit Intérieur Brut (PIB) par habitant, elle sera reléguée au-delà de la trentième position vers 2030. Les preuves de ce déclin sont déjà visibles dans la rue : les mal-logés, les allocataires du chômage, les smicards et les retraités indigents se comptent en millions.

Sous la cinquième république, les partis politiques et les syndicats n'ont eu pourtant cesse d'organiser des élections, de faire voter des lois et de manifester bruyamment ; ce qui au final n'a rien résolu sur le fond puisque la prospérité s'est inexorablement dégradée.

Pourquoi donc un tel fiasco ? Différencier les responsabilités distinctes entre la Gauche et la Droite ne sert plus à rien. Il est vrai que l'une exécute avec entêtement des transformations catastrophiques, telles les nationalisations ou les trente-cinq heures, alors que l'autre manque singulièrement de courage pour réussir les réformes vitales, comme la fiscalité et l'encadrement du droit de grève. L'échec de la France trouve ses racines ailleurs ; sa constitution délaisse le concept de responsabilité.

Par voie de conséquence, les hommes politiques bénéficient d'une quasi-impunité. Ils ont tourné en ridicule la morale, la fierté, ainsi que l'espoir d'un peuple ayant fondé sa république autour d'une devise fort louable : Liberté, Égalité, Fraternité. En l'absence de responsabilité, la liberté s'est muée en assistanat, l'égalité en égalitarisme et la fraternité en solidarité.

Peut-on prétendre que les Français sont libres alors que le taux des prélèvements obligatoires dépasse déjà les 50 % pour les plus bas salaires ? En 2011, un employé bénéficiant du Salaire Minimum Interprofessionnel Garanti (SMIG) coûtait à son employeur 1.800 euros alors qu'il ne percevait, en net, que 990 euros ; mais restaient encore à payer la taxe sur la valeur ajoutée de ses achats, la taxe d'habitation et la taxe foncière s'il possédait un logement. En un an, la rémunération du smicard, propriétaire de sa résidence principale, aura été amputée d'environ 11.500 euros tandis que son employeur déboursait 21.600 euros.

Asservi par l'État, tel un serf au moyen âge, le salarié n'a plus qu'une seule échappatoire : se faire assister par ceux qui lui confisquent la rétribution de ses efforts. Les seigneurs républicains, dont les fiefs se nomment désormais Syndicat, Sécurité Sociale, Allocations Familiales, Caisse Nationale d'Assurance Vieillesse, Région, Canton et Municipalité, organisent l'aumône avant que ne gronde la révolte des ponctionnés sans défense.

Le mot égalité envahit le discours de ces charlatans prétendant que l'État garantit les mêmes prérogatives à tous ses citoyens. Il légitime la privation de la liberté au nom de l'égalitarisme. Les droits opposables pour le logement, la santé, l'éducation procurent aux inactifs une protection et des avantages supérieurs à ceux des actifs.

Au nom de l'égalité des chances, le niveau éducatif en France a chuté spectaculairement. Les étudiants sont arbitrairement dirigés vers ces filières au rabais qui, en offrant des statistiques euphorisantes, dissimulent le vrai bilan du seigneur Éducation Nationale. Après douze années passées à l'école, au collège puis au lycée, deux élèves sur trois sont sous-éduqués en français, mathématiques et anglais, trois matières critiques pour réussir une carrière de nos jours.

Inlassablement, les médias encensent les mérites de la cohésion citoyenne face à l'échec en nous gratifiant d'émotions débordantes. La solidarité symbolise l'étendard républicain de la médiocrité collective que l'on brandit fièrement pour masquer son inefficacité. Prenez le cas du chômage, stagnant autour des 10 % depuis environ trente ans. Ce drame nous incite à faire preuve d'une entraide exemplaire. Les victimes des délocalisations doivent assumer leur part de responsabilité, comme les syndicats refusant tout compromis intelligent et les banques dont les préoccupations sociales sont reléguées loin derrière les honoraires indécents des fusions et acquisitions.

Chaque catastrophe naturelle déclenche un déluge larmoyant de solidarité qui booste la générosité et les impôts des contribuables, mais éclipse complètement la faute de ces élus dont l'inconscience, l'inaction et la cupidité ont permis un développement urbain révoltant.

L'absence de responsabilité fait que la France n'est plus gouvernée depuis trop longtemps. Elle provoque dans les rangs de l'administration un management absentéiste que des chercheurs nord-américains ont su décrypter. Toute entreprise non dirigée traverse cinq phases : euphorie, désillusion, recherche des coupables, punition des innocents et consécration des non participants. Cette analyse demande à être rectifiée pour le secteur public ; dans un monde sans responsable, l'innocent et le coupable n'existent pas. L'État français a donc conçu son propre modèle de management en ne retenant que trois étapes : euphorie électorale, désillusion masquée et consécration des profiteurs.

En politique, le management absentéiste est machiavélique puisqu'il s'accompagne d'une exploitation de l'homme par l'homme, sans aucun recours à la puissance du capital mais par l'intermédiaire d'idéologies aveuglantes. Nous sommes tous persuadés que le scrutin préserve nos libertés. Les chinois votent et sont pourtant muselés par leur parti communiste. Les Français participent à d'innombrables scrutins et assistent impuissants à la ruine de leur pays orchestrée par une nomenklatura de représentants et de syndicalistes.

Faut-il en déduire que les politiques sont des illusionnistes de génie octroyant un pouvoir factice au peuple, sans que celui-ci ne détecte la supercherie ? Surtout pas ! Pour se faire élire, nul besoin de posséder des aptitudes hors du commun ; il suffit simplement de dévoyer lâchement l'être humain en exploitant ses faiblesses psychiques. Certaines d'entre elles sont quasiment innées mais d'autres concernent notre éducation et nos croyances en des dogmes, très souvent religieux ou politiques.

Au commencement, Eve fut l'innocente victime de ses pulsions originelles. Alors que la cueillette d'une pomme, propriété inviolable de l'autorité divine, lui était interdite, elle voulut s'accaparer un bien qui ne lui appartenait pas. Encore vierge de toute mauvaise intention politique, elle n'a donc pu exprimer son intense désir de prendre le pouvoir et s'opposer à une interdiction qui provoqua son exclusion de l'éden. Quel dommage, car un scrutin aurait permis de nationaliser l'arbre défendu puis tous les biens du créateur de l'univers, un odieux capitaliste possédant un patrimoine foncier en pleine expansion. Adam et Eve auraient ainsi uni leurs voix pour dégager une majorité indispensable à la prise du pouvoir ; aucun d'entre eux ne pouvant dépasser seul les 50 % des suffrages exprimés. Eve aurait convaincu Adam de s'associer à son combat pour s'adjuger le fruit convoité en organisant une campagne électorale promettant un partage équitable des richesses soustraites au Dieu tout puissant.

Plusieurs milliers de millénaires plus tard, force est de constater que les élus français ont créé un véritable enfer pour entretenir l'euphorie des élections. Les citoyens majeurs élisent les conseillers municipaux, généraux et régionaux, les députés nationaux et européens, ainsi que les sénateurs s'ils sont de grands électeurs. Les salariés désignent les représentants syndicaux et les délégués du personnel. Les patrons nomment les conseils des prud'hommes et les magistrats des chambres de commerce. Les étudiants votent pour les syndicats de leur choix. Le bilan de cette débauche de scrutins soulève chez le citoyen un sentiment d'incrédulité du type *« finalement tout ça pour ça »*.

Emportés par leur utopie, les hommes politiques n'avaient pas prévu qu'une élection permet d'accéder au pouvoir sans avoir démontré la moindre compétence en management des lois et de l'argent public. Une telle erreur d'appréciation a produit l'inévitable : le climat social est exécrable et l'aménagement du territoire une infâme gabegie.

Le droit de grève bafoue les fondements de la constitution et rend inapplicable la volonté du peuple. Bénéficiant de passe-droits obtenus grâce à des scrutins auxquels participent environ 15 % des salariés, les syndicats se substituent aux dirigeants dans les entreprises. Certaines centrales, telle la CGT, qui attisent en permanence la haine entre le patron et ses employés, sont finalement pires que le Front National.

Concernant l'aménagement du territoire, la France possède un exceptionnel laboratoire pour expérimenter la flagrante incompétence des élus : l'île Seguin à Boulogne Billancourt. En dix-huit ans, une ville a été incapable d'aménager un espace de onze hectares ! La cacophonie entre les municipalités, le conseil général et la région a paralysé un projet d'aménagement qu'une commune aurait dû pouvoir piloter seule.

Tout compte fait, l'Etat devrait préempter ce terrain vague et le convertir en mausolée à la gloire du tripatouillage administratif. Ceci éviterait que le site soit défiguré au plus grand désespoir des riverains, dont l'horizon serait masqué par des édifices laids mais conçus par un architecte réputé et habitué à grenouiller parmi les partis politiques.

Le scrutin majoritaire à deux tours aggrave la déchéance morale de la classe politique déjà mise à mal par la profusion des élections. Une alliance électorale contre nature, telle l'union entre Adam et Eve, finit toujours par l'éclatement de l'unité qu'elle était supposée réaliser. Un électeur, sur le point de convoler, se rendrait-il à la mairie s'il venait d'apprendre que son futur conjoint vit en couple avec une personne lui étant insupportable ? La réponse semble évidente, sauf pour les médias qui s'interrogent, systématiquement et sans chercher plus loin une explication cohérente, sur le taux ridiculement bas de participation après chaque élection.

Après sa cueillette qui se termina en grosse boulette, Eve fit très peu de promesses pour convaincre Adam de quitter l'éden sans offrir une autre côte au Dieu tout puissant contre une nouvelle femme. Si seulement nos élus pouvaient démontrer la même sobriété au lieu d'entretenir une euphorie électorale destinée, en toute humilité, à transformer la société, comme si nous en avions réellement besoin.

Certains électeurs français démontrent toutefois une certaine grandeur morale. Au moyen d'une abstention ou d'un bulletin blanc, hélas sans le moindre effet tangible, ils désapprouvent ces viles combines en préambule à un suffrage pour lequel un consensus est tout bonnement inenvisageable, car inutile.

« On peut tromper certaines personnes tout le temps, ou tout le monde parfois mais jamais tout le monde tout le temps » ; ce dicton annonce ironiquement la grisaille du désenchantement que provoque l'euphorie électorale. La classe politique ne reste en effet jamais passive devant cette menace qui incite les électeurs à exprimer leur ras-le-bol, en se jetant dans les bras des extrémistes à la mode, du rouge révolutionnaire au blanc nationaliste en passant par le vert écologique. Les élus masquent alors la désillusion provoquée par leurs échecs répétés en exploitant une autre catégorie de pulsions impliquant, cette fois-ci, l'éducation parentale qui traumatise les gosses en occultant les dures réalités de l'existence.

Ayant développé des libidos d'enfants gâtés, les adolescents sont, en majorité, devenus inaptes à s'assumer seuls. Une situation rêvée dont la classe politique va s'inspirer pour dissimuler ses épouvantables fiascos que matérialisent chaque jour les chiffres du chômage et de l'insécurité.

La première parade utilisée par les élus consiste en un débat électoral rejetant l'idée même de bilan. Remplir son devoir d'électeur équivaut en France à s'engager dans un processus de stérilisation collective. La réélection de François Mitterrand en 1988 est un honteux chef-d'œuvre en matière d'escamotage politique. La faillite totale d'un homme obsédé par ses arguties socialistes n'a jamais effleuré l'esprit du moindre journaliste ayant pu questionner le chef de l'État pendant la campagne présidentielle. L'opposition, méprisée par un monarque éludant la réalité socio-économique avec un revers de main agacée, s'est même abstenue d'expliquer le désastre que le pays venait d'endurer.

L'évitement est une stratégie habile mais qui se retourne systématiquement contre son auteur quand les médias ont l'indécence de censurer les dérives politiques. En fouillant dans les poubelles, un canard déchaîné peut aisément éclabousser un élu coupable de dépenses somptuaires ou d'infidélité conjugale ; un amuse-gueule destiné à faire oublier que le plat principal, la faillite de l'État, ne sera jamais servi.

Depuis très longtemps, les divertissements télévisés offrent aux politiques la faculté de maintenir le citoyen dans un état d'ignorance abrutissante que celui-ci cultivera fièrement en l'honneur de son parti. L'invité du dimanche peut ainsi évoquer en toute quiétude son chien et sa dernière mise en examen. Lors d'un débat annoncé comme particulièrement saignant, un président de région annonce avec « *bravitude* » que les dépenses se sont accrues plus vite que l'inflation, parce qu'elles le devaient tout simplement. Pourquoi donc cette querelle politicienne ?

« *Le peuple a faim, donnez-lui la télévision* ». Marie-Antoinette aurait certainement sauvé sa tête avec cette injonction. Aurait-elle pu éviter la perpétuité ? Rien n'est moins sûr. Au nom de la jalousie viscérale des français, cette peine, tant décriée par Monsieur Guillotin, aurait sans doute été prononcée. Nos élus ont su conjurer cette maladresse royale et offrent désormais, en guise de croissants, des boniments rassis aux nécessiteux républicains.

L'art suprême de la politique consiste à entretenir un nombre suffisant d'indigents qui, exaltés par une utopie partisane, apporteront leurs votes en échange de subventions et d'allocations. Pour réussir cette stratégie, tous les moyens sont bons. En entassant des smicards dans une ceinture francilienne de logements à loyer modéré, le Parti Communiste a survécu en France pendant quarante ans.

En marketing politique, l'effet volume est déterminant pour gagner des parts de marché électorales. Comment donc accroître le nombre d'assistés ? Les politiques ont encore su trouver la bonne réponse ; créer de nouveaux besoins. La nécessité débute humblement par une aide au logement, s'étoffe très vite avec une généreuse panoplie d'allocations, se consolide au moyen d'indemnités et se parachève en beauté grâce à des congés parentaux couvrant le mariage, la naissance et le décès. Afin que les jeunes filles volages ne tombent enceintes dès le collège, la région leur offre désormais la pilule que le contribuable n'a plus qu'à avaler.

En élargissant l'offre de la dépendance, les élus ont tiré le jackpot. Un actif qui finance un oisif par son travail voit ses revenus diminuer et rejoint vite le rang des nécessiteux. Ces derniers posent un problème moral insoutenable : dépourvus de travail, ils veulent encore améliorer ces acquis âprement conquis en votant. Étranglés par la dette publique et le besoin populaire du toujours plus, les politiques sont alors dos au mur car la désillusion s'ancre profondément dans l'esprit des électeurs, pourtant fermement décidés à faire basculer une élection au profit des plus offrants.

S'instaure alors la consécration des profiteurs de la nation. Les députés sculptent dans le marbre de la loi tous ces privilèges réservés tant à la classe montante des assistés qu'aux chantres de la protection sociale.

Les élus assurent leur réélection en s'abritant derrière des dogmes leur conférant le droit de piller la richesse nationale en toute impunité. Ils puisent dans la constitution, les chartes corporatistes ou les religions d'innombrables déclarations solidaires afin que les classes actives de la société ne contestent les avantages dont jouissent les assistés de la république socialiste française.

Puisque les profiteurs du système réclament du concret durable, les parlementaires vont exhausser cette volonté en privilégiant naturellement la taxation du travail. Les paresseux ont tous appris à l'école primaire une équation fort utile pour gérer une carrière d'oisif : zéro travail plus zéro salaire est égal la tête à toto du percepteur. Ils sont donc rassurés puisque, de facto, la première mesure institutionnelle qui s'impose, à savoir les prélèvements obligatoires, est réservée en priorité, et ce n'est que justice sociale, aux citoyens qui se décarcassent.

En redistribuant tous azimuts les sommes prélevées sur les feuilles de paie, les politiques ont cru pouvoir sauver le navire du naufrage. Un mythe de courte durée car, leurs revendications n'ayant moralement pas à connaître la moindre limite, les assistés socialistes exigent des aides dépassant parfois les bas salaires des actifs. Ils savent cependant être solidaires et attendre le prochain scrutin pour réclamer leur toujours plus au meilleur moment.

Vient alors le temps de la compromission corporatiste qui favorise les instances disposant d'un pouvoir suffisant de nuisance sur la société. La redistribution entre riches et pauvres n'est plus d'actualité ; seuls sont protégés les monopoles publics pouvant enrayer l'activité du pays en outrepassant le droit de grève.

L'ultime stade de la déchéance survient lorsque les élus détruisent l'outil productif de la nation. Le commerce inéquitable reste alors l'unique porte de sortie. Obligé d'importer pour satisfaire les besoins vitaux des citoyens, l'État se renie en fermant les yeux sur les conditions de travail et l'écologie à l'étranger. C'est le début d'un cycle infernal qui voit la dégradation de l'emploi s'amplifier puisque de nouvelles importations accélèrent la destruction des entreprises sur le territoire national ; le pays perd ainsi ses compétences et sombre dans le déclin.

L'objet de cet ouvrage est de repositionner la responsabilité au centre de la construction politique dans tout pays. Mais que faire pour mériter notre bonheur ? Exiger encore plus de lois ou d'assistance. En aucun cas ! Nous savons qu'une telle tactique nourrit les désillusions du management absentéiste. Le citoyen est assiégé dans ses contradictions pour retrouver le chemin du bien-être. Il ressemble à ce roi cerné de toutes parts et qui, dans un cartoon américain, avouait à son aide de camp du haut de son donjon : *« Nous faisons face à l'ennemi, c'est nous »*.

Briser le cycle infernal du management absentéiste au sein de l'État nécessitera une révolution silencieuse animée par les classes moyennes pour libérer le peuple de l'emprise malsaine des élus. En effet, elles seules peuvent établir un équilibre pertinent entre les revendications des masses populaires, bêtement agitées par les idéologies syndicales, et les prétentions démesurées qu'entretient la cupidité des capitalistes purs et durs.

La seule voie possible est de définir puis faire respecter des droits universels qui créent un véritable progrès dont l'une des meilleures définitions fut largement diffusée par une multinationale sous ce message : « *Progress makes people happier* ». Le progrès rend les gens plus heureux. Dans les années soixante, les peuples ont vécu joyeusement, sans assistanat et déficit étatique. De nos jours, les pouvoirs publics n'inspirent ni fierté ni respect. Bien au contraire, ils sont devenus une source de sinistrose que plus rien n'égaie.

La protection du peuple contre l'irresponsabilité politique constitue le challenge prioritaire pour les démocraties, qui vont devoir digérer la fin du capitalisme nord-américain après avoir vécu la disparition du collectivisme soviétique. Les minorités politiques et financières ne peuvent plus piller les ressources et le travail des plus faibles à leur seul profit.

L'inexorable évolution vers l'économie de la compétence, par opposition à celle des échanges inéquitables, demande une nouvelle génération d'acteurs politiques, beaucoup moins nombreux mais bien mieux préparés aux défis qu'impose la démographie mondiale.

Enfin, précision importante, ce livre a été écrit par un simple citoyen, soucieux de l'avenir de son pays et du bonheur de ses enfants. Ni haut fonctionnaire frustré, ni journaliste condescendant et encore moins capitaliste ou élu cupide, sa réflexion et son analyse reposent sur le vécu d'un libéral convaincu.

Chapitre 1

Les élections sans objet

Victime des échecs permanents de la classe politique, l'électeur français peine à élire ses représentants. Mais au fait, un élu pour faire quoi ? L'acheteur d'un bien ou d'un service veut rester maître de son destin. Il sélectionne son fournisseur, obtient le meilleur rapport « prix plaisir » possible et conclut une transaction respectant ses droits. L'électeur hésite donc entre défendre ses intérêts par l'intermédiaire des élus ou bénéficier des garanties inhérentes aux échanges dans le secteur marchand.

Pour rappel, un vote n'est pas un contrat mais une prise de décision consensuelle, au service de l'intérêt général. Il se circonscrit à des situations où les codes, qu'ils soient civil, commercial, social, ou autres sont inopérants. Inutile de partager le pouvoir avec un élu alors qu'un contrat en bonne et due forme protège directement vos droits. Si la solution du vote s'impose, la situation devra concerner une instance politique faisant autorité. Choisir un député affichant sa détermination d'interdire un monopole fait sens, puisque sera mieux combattue la sur-tarification des prestations. Est par contre injustifié le besoin d'élire un représentant pour vouloir s'opposer à des transactions où la loi du marché joue pleinement et éthiquement son rôle.

Autre considération importante, un élu exerce l'autorité que lui confère la loi sur un territoire bien précis. En général, un citoyen vote dans la commune de sa résidence principale pour défendre ses prérogatives locales. Sa nationalité lui octroie des droits exerçables dans une contrée aux frontières bien définies. À premier abord, deux scrutins, l'un de proximité et l'autre d'envergure nationale, semblent suffire.

Pour asservir l'électorat tout en s'assurant ces confortables rentes de situation que procure le cumul des mandats, les politiques ont indécemment démultiplié les élections. L'offre est devenue pléthorique. Entre avril 2007 et octobre 2008, les Français auront été appelés aux urnes sept fois pour cinq scrutins locaux et nationaux : présidentielles (22 avril et 6 mai 2007), législatives (10 et 17 juin 2007), municipales et cantonales (9 mars et 16 mars 2008) et sénatoriales (21 septembre 2008). Par chance, les régionales étaient programmées pour 2009.

L'inadmissible débauche de consultations, qui gavent l'euphorie électorale, s'explique bien évidemment. Les électeurs cherchent avant tout à satisfaire une pulsion qu'Eve manifesta avec les conséquences que l'on connaît : s'accaparer un avantage indu, le tristement célèbre fruit de l'arbre défendu. À bien y réfléchir, le vote représente, avec le vol et le meurtre, l'un des trois moyens universels pour s'emparer de la richesse d'autrui.

Les élus pillent les citoyens les plus méritants en dévoyant leur électorat auquel est alloué gratuitement un nombre inimaginable de prestations dont dépend le bien être : santé, éducation, logement, transports et loisirs. Cette tactique est surtout payante lorsque l'électeur reste persuadé qu'aucune instance politique ne peut à elle seule satisfaire toutes ses sollicitations. Il va dès lors se tourner vers l'ensemble des institutions désirant lui venir en aide, du pain béni pour les ardents promoteurs de la consultation électorale effrénée.

Disposant d'un seul paradis et d'un unique arbre fruitier, Eve ne put développer sa *« libido dominandi »*, ce désir intense d'exercer le pouvoir dont Saint Augustin révéla l'existence dans ses écrits. Parions que si la première femme avait goulûment jeté son dévolu sur la chair du serpent et le corps d'Adam, avec la pomme en prime, elle serait immédiatement rentrée en campagne électorale pour s'approprier les objets de sa convoitise.

L'explosion de la démographie induit la multiplication des édens détenus par les élus. Une évolution moralement défendable aux yeux des socialistes et communistes ; aux riches les paradis fiscaux, aux pauvres les paradis électoraux. La réforme la plus révélatrice d'un découpage paradisiaque du territoire politique est la loi de 1999 sur le regroupement intercommunal.

La France recense en effet environ 36.000 communes, un lamentable record en matière de gabegie financière. Sur le vieux continent, dans les pays dont la population ou la superficie sont assez comparables à celles de la France, l'Espagne et l'Allemagne par exemple, on dénombre entre 8.000 et 13.000 municipalités.

Déterminer un nombre optimal de collectivités locales où il ferait bon vivre est une tâche surmontable si l'on repère correctement les facteurs clés qui font le succès d'une municipalité. Observons une famille avec des enfants en âge d'être scolarisés. Les parents soucieux du bien-être de leur progéniture placeront très probablement la sécurité, la santé et l'éducation au centre de leurs préoccupations électorales. Parmi ces trois critères, la scolarité arrive souvent en tête car elle requiert une forte implication personnelle.

De nombreuses études, scandinaves notamment, ont prouvé l'incidence positive des structures à taille humaine sur l'épanouissement personnel. Elles suggèrent que si chaque école primaire, collège ou lycée gérait moins de cinq cents élèves en moyenne, l'échec scolaire aurait disparu depuis longtemps et les enseignants bénéficieraient d'un environnement professionnel plus sûr et convivial. Les établissements de proximité contribuent aussi à réduire la fatigue et à développer le coefficient émotionnel des étudiants.

Pour agir efficacement dans le domaine éducatif, une commune doit satisfaire les attentes de la génération scolarisable des moins de 18 ans, soit environ 15 % de la population. Sur la base de cette hypothèse, la taille critique minimale d'une municipalité se situe dans les 8.000 habitants. Comptant soixante-six millions d'habitants en 2011, la France pourrait se satisfaire de 8.000 communes. Avant 1999, plusieurs ministres, toute tendance confondue, avaient voulu sur la pointe des pieds rectifier le galvaudage municipal en évitant surtout de déplaire aux élus, quitte à berner les électeurs. Tutus et chaussons de danse au programme !

Se refusant à éliminer les municipalités trop petites en les fusionnant avec d'autres, la loi Chevènement sur le regroupement intercommunal s'est inscrite dans l'immobilisme en créant les communautés urbaines, d'agglomérations ou de communes censées, sur le papier, réduire le morcellement décisionnel et le saupoudrage des dotations.

À échelle réelle, cette loi est diaboliquement inefficace. Prenons une municipalité résidentielle avec 15.000 âmes jouxtant une autre plus industrielle de 8.000, côtoyée elle-même par huit communes plutôt rurales de 450 à 2.600 citoyens, pour une population totale de 32.000. Comme démontré ci-après, pour une telle agglomération il faut donc 10 maires et 182 conseillers municipaux, soit 192 élus. Une bagatelle !

Communes	Nombre habitants	Maires	Conseillers municipaux
1	15.000	1	33
2	8.000	1	29
3	750	1	15
4	1.000	1	15
5	450	1	11
6	800	1	15
7	1.300	1	15
8	2.600	1	19
9	1.200	1	15
10	900	1	15
TOTAL	**32.000**	**10**	**182**

En appliquant le seuil minimal de 8.000 habitants, indiqué précédemment, on découvre que quatre belles municipalités peuvent remplir les mêmes fonctions et services. Toujours dans l'esprit de la loi, 4 maires et 116 conseillers municipaux seraient donc requis, soit un total de 120.

Le déshabillage potentiel des effectifs, justifié par le fait que 72 personnes sont finalement inutiles, est suivi d'une douche de lave brûlante, géhenne oblige. La réforme Chevènement fait que les maires et conseillers municipaux existants conservent leurs attributions. À ceux-ci, viennent s'ajouter les élus siégeant dans la structure de regroupement intercommunal, généralement les maires, plus tous les délégués de communes (souvent 2 par municipalité). Soit au bas mot, 30 personnes de plus. Résultat des courses : 222 élus participent statutairement à une mission qui peut être effectuée par 120 personnes.

Finalement, rien n'a été réellement résolu pour améliorer la représentativité ; le nombre d'élus, maires et conseillers municipaux n'a pas diminué d'un iota et s'est même accru avec l'apparition des regroupements pourvus de présidents, vice-présidents et autres délégués. La coopération entre les municipalités a même empiré car la couleur politique des présidents de communautés, représentant souvent la localité la plus peuplée ou la plus riche, perturbe le traitement équitable des décisions d'investissement. Le fin mot de l'histoire est l'intérêt pécuniaire des collectivités locales qui, par le biais de ces regroupements, ont trouvé le moyen idéal pour récompenser financièrement les adjoints et les conseillers municipaux privés de rémunération avant la réforme Chevènement.

N'ayant pas à respecter une taille critique, une commune est financièrement incapable de délivrer seule certains services ; d'où la nécessité de faire intervenir un canton. Inévitablement, les copinages, les études, les effectifs et les investissements supplémentaires viendront sensiblement alourdir la facture fiscale.

Mais le contribuable n'est pas au bout de ses peines, loin s'en faut. Le même phénomène se répète avec la région qui ne va pas se priver de suppléer les municipalités dans des missions que celles-ci pourraient exercer pleinement, si seulement elles respectaient la dimension minimale nécessaire.

Occupons-nous maintenant d'une famille devant résoudre le problème de l'enseignement supérieur pour ses enfants, la voie ultime susceptible de consacrer leur réussite intellectuelle. Une commune ou un canton ne peut, démographiquement et financièrement parlant, assumer seule une structure universitaire. Ceci nous amène tout naturellement à focaliser notre attention sur la politique budgétaire d'une région. Le Poitou-Charentes, dont la Présidente aime tant prodiguer des leçons d'intelligence citoyenne à la France toute entière, va illustrer notre propos.

Les comptes d'une des régions phares de la vie politique française révèlent que les autorisations de crédits alloués en 2009 à l'éducation représentaient environ 300 millions d'euros, soit 40 % des recettes totales. Un électeur, bénéficiant dans sa commune de services scolaires performants, que financent déjà ses impôts locaux, est rassuré par de tels chiffres. En y regardant de plus près, il va très vite déchanter. En euros, ont été autorisés les crédits suivants : 51 millions au fonctionnement des lycées, 89 millions aux investissements des mêmes établissements, 69 millions pour la formation professionnelle, 74 millions au profit de l'apprentissage et un petit 16 millions à la formation supérieure. Le budget détaillé ci-dessus profite à un million huit cents mille habitants du Poitou-Charentes, devant résider dans 225 communes si notre benchmark de 8.000 résidants par municipalité était appliqué (en réalité, la région en compte 404 !).

Le manque de moyens dédiés à l'enseignement supérieur, seize millions sur trois cents millions d'euros, est alors patent car il s'agit d'une mission n'incombant nullement aux communes, qui devraient gérer intégralement les écoles primaires, collèges et lycées si on leur impose une taille critique minimale. Autre constat très choquant, la région pervertit le processus électoral puisque chaque maire devient tributaire de cette manne à cent quarante millions d'euros dédiée aux lycées (soit environ six cents mille euros par an pour chacune des 225 municipalités normalement requises).

Un conseil municipal ne partageant pas les opinions du parti dirigeant la Région Poitou-Charentes risque gros : la dégradation de ses structures éducatives puis l'arrivée d'une nouvelle majorité si les électeurs s'insurgeaient contre une telle situation. Heureusement, ceux-ci ne peuvent comprendre combien leur coûte l'éducation de leurs enfants car les impôts et taxes destinés à l'enseignement sont saupoudrés sur trois collectivités territoriales et aucune consolidation globale n'autorise à en apprécier la bonne utilisation.

Les esprits pointilleux soulèveront une objection majeure à la nécessaire éradication des collectivités dont les abus portent préjudice aux communes : ces dernières seraient privées des infrastructures qu'elles ne peuvent financer seules. Cet argument n'est toutefois guère valable.

Les 225 maires, que devrait compter le Poitou-Charentes, ont tout loisir de se réunir quatre fois par an à la préfecture pour voter et suivre les budgets d'investissements que prépareraient des services ad hoc. La très grande majorité des décisions d'aménagement incombent à un département et peuvent être gérées au niveau préfectoral, sans recourir à un débat régional.

L'incurie politique est en tout cas consommée puisque les élus ont éludé un problème de taille critique en créant de nouvelles taxes, dont profitent les cantons ainsi que les régions, et en ne fâchant surtout pas l'électeur, pour qui un village avec 200 habitants doit impérativement avoir une mairie, une école, un complexe sportif et un centre culturel. Question de dignité !

Du temps d'Adam et Eve, la loi émanait d'une seule autorité mais divinement incohérente. La prohibition de la pomme, un fruit bon pour la santé, l'abolition du paradis, une enclave sécurisée, et le travail, une souffrance permanente, sont des initiatives plus que discutables prises par l'unique législateur d'alors qui, à sa décharge, ne pouvait compter sur aucun esprit sain autre que son pater familias. Aujourd'hui, la bonne gouvernance des paradis électoraux, que sont les communes, les cantons et les régions, incombe à 577 députés désirant récréer les conditions du bonheur originel avec l'aide d'innombrables experts surpayés.

Conscient que le nombre de communes ridiculisait déjà la France, François Mitterrand étendit le grotesque à la chambre des députés qui compta 86 membres additionnels en 1986 pour atteindre 577, une mesure totalement inutile au frais du contribuable. Celui-ci dut subir une décision qui gonfla les charges de l'institution concernée d'environ 20%.

Une petite étude comparative va se révéler pleine d'enseignements. En 2011, les États-Unis, le Japon et l'Allemagne comptaient à eux trois 1.537 représentants à la chambre basse du parlement et 517 millions d'habitants, soit 336.000 citoyens par élu. Avec 66 millions d'âmes, la France devrait donc se contenter d'un parlement avec 197 députés, ce qui réduirait les dépenses courantes de 65 %, soit environ 300 millions d'euros ; un montant qui réjouirait ces mal-logés et invalides pour lesquels aucune recette fiscale n'est disponible !

La création de l'univers nous enseigne une autre évidence : l'insouciance d'Eve se retourna contre Adam, indûment mis à la porte comme un malpropre alors qu'il n'avait commis aucune faute. Cette première manifestation d'une vive injustice, que l'on dénomme actuellement solidarité, traduit une valeur collective éminemment estimable puisqu'elle dédouane les élus de leurs criantes errances. En expulsant Adam de l'éden comme un malpropre, le Dieu tout puissant n'avait nullement à justifier sa phobie des pommes.

Les députés ont pleinement retenu les enseignements de cette épopée paradisiaque. L'insécurité, l'immigration, le chômage et les retraites incarnent les pommiers de la discorde nationale qui refleurissent à chaque printemps électoral mais ne produisent toutefois aucun fruit. Leur stérilité, se traduisant par une pénurie de solutions crédibles, assure la réélection des membres du Palais Bourbon.

Contrairement au créateur de l'univers qui tança vertement la première péronnelle terrestre, les parlementaires se murent derrière le rempart de la solidarité pour ne point indisposer les électeurs. Une attitude encouragée par les médias, prisonniers du sensationnel et du ridicule que réclame l'audimat. Les déficits publics, la faillite de l'appareil judiciaire et les inégalités corporatistes sont passés sous silence afin que les 380 pommes excédentaires, sur-encombrant les rayons de l'Assemblée Nationale, ne soient réduites en compote, conformément à la plus élémentaire des justices.

Cette salutaire cure d'amaigrissement doit s'étendre aux 348 sénateurs, ces élus représentant les collectivités territoriales à la chambre haute du parlement. Pour rappel, ceux-ci amendent les lois et les budgets votés par l'Assemblée Nationale, mais contrairement aux députés, n'ont nullement le pouvoir de censurer le gouvernement.

Seuls les grands électeurs, environ cent cinquante mille, participent au scrutin sénatorial, une exclusion plus que critiquable. Le contrôle des mesures législatives ne saurait être réservé à une caste politique sans réelle compréhension des enjeux auxquels sont confrontés les particuliers et les entreprises. L'abyssal déficit budgétaire de l'État illustre cette carence : le Sénat est impuissant à freiner le dérapage des dépenses publiques qui précipite le déclin de la France.

Les détracteurs de l'action sénatoriale comparent la chambre haute du parlement à un refuge de la Société Protectrice des Animaux pour candidats malheureux aux législatives. Cette analyse est finalement très juste. L'Assemblée Nationale ayant toujours le dernier mot, les sénateurs jouent le rôle de figurants, dotés d'un contre-pouvoir factice. Au demeurant, un sénat n'a plus aucune utilité puisque la plupart des réglementations nationales émanent dorénavant du Parlement Européen.

La salutaire disparition du Sénat est toutefois subordonnée à une sérieuse réforme du Conseil Constitutionnel dont la politisation outrancière a occasionné un laisser-faire propice aux infractions législatives orchestrées par les partis politiques. Imaginons qu'une telle institution intègre la chambre haute du parlement, la Cour des Comptes et le Conseil Économique et Social pour ne former qu'une seule entité jouant le rôle d'un conseil de surveillance national.

Dotée à sa tête d'une véritable Cour Suprême, cette institution s'assurerait que les lois, les dépenses et les actes des élus respectent les droits fondamentaux protégeant les citoyens. En effet, l'État ne peut se plus se contenter de gronder les collectivités et les ministères gaspillant l'argent public. Il doit les traduire en justice comme toute société privée fautive des mêmes excès. À titre d'exemples, le droit de grève et les lois de finance vont démontrer les effets dévastateurs qu'engendre, par sa passivité, le Conseil Constitutionnel.

Le préambule de la constitution de 1946 stipule en effet que « *le droit de grève s'exerce dans le cadre des lois qui le réglementent* ». On ne sait si les rédacteurs de cet article ont publié un texte de complaisance dans la précipitation pour sauver la quatrième république, mais sa formulation laisse vraiment à désirer. Un droit n'est en effet valable que dans la mesure où il respecte les autres droits ; les lois qui le réglementent ne garantissent en rien sa constitutionnalité. Bien au contraire, elles en dénaturent souvent l'esprit universel.

Plusieurs articles de la Déclaration des Droits de l'Homme et du Citoyen du Citoyen encadrent naturellement le droit de grève ; notamment le quatrième : « *l'exercice des droits naturels de chaque homme n'a de bornes que celles qui assurent aux autres Membres de la Société, la jouissance de ces mêmes droits* ».

Par conséquent, tout contribuable mécontent est donc libre d'entamer une grève fiscale contre l'État, une action revendicatrice pourtant illégale ! Une totale injustice, car pourquoi travailler pour engraisser une administration qui exploite le citoyen bien plus que ne le font les pires patrons du privé ? En vérité, la grève se fait en France sur la base d'un cadre législatif proche du vide absolu. Nulle part il n'est fait mention de sa nécessaire concordance avec les autres droits, dont notamment la libre circulation des personnes et des biens ; la loi reste totalement muette sur le sujet. Un vide constitutionnel finit toujours par affaiblir l'efficacité collective d'une nation. Une telle évidence s'applique comme un gant à la France, où ont succombé le dialogue social puis dans la foulée le service public et l'industrie manufacturière.

Il est tout aussi néfaste de faire croire que certains citoyens ne sont point concernés par l'application des droits universels. Comme le démontrent les lois de finance, les députés creusent depuis trente ans la tombe de la nation en empilant les déficits budgétaires, qui vont irrémédiablement pénaliser les générations futures. Celles-ci devront consacrer environ 20 % de leurs revenus pour régler l'ardoise fiscale laissée par leurs parents. Puisque « *l'exercice des droits naturels de chaque homme n'a de bornes que celles qui assurent aux autres Membres de la Société, la jouissance de ces mêmes droits* », est-il admissible que certaines personnes morales se voient refuser les privilèges réservés au secteur public ?

Une entreprise privée ne peut accumuler les pertes financières. Un particulier non plus. Dans un souci de protection des tiers, la législation prohibe la cessation des paiements qui met en danger tous les acteurs ayant apporté leur concours à un projet économique. Dès lors, l'État devrait se voir interdire l'option de superposer les déficits comme des poupées russes. Le contribuable n'est nullement un investisseur, un salarié ou un investisseur libre de prendre un risque économique avec la société de son choix. Il est, ne faut-il pas l'oublier, un électeur pour lequel « *les conditions nécessaires au développement des citoyens* » incombent aux pouvoirs exécutif et législatif. Confronté à l'inconscience du parlement, le Conseil Constitutionnel aurait dû réagir en rejetant des lois de finance infâmantes et suicidaires pour la nation française.

Un déficit public est une inégalité qui renforce la défiance des électeurs envers la classe politique car l'injustice est exactement comme la douleur : elle correspond à une sensation très désagréable voire insupportable chez un citoyen, victime d'une agression remettant en cause son intégrité morale et financière. S'ensuit un mouvement de retrait, l'abstention, ou un changement de position, le revirement permanent. Actuellement, un électeur français n'a plus aucun scrupule à voter Front National au premier tour et Parti Socialiste au second, manifestant ainsi son ras le bol d'une immigration incontrôlée puis son accord pour une ruineuse politique sociale.

Dévoyé par les élus, le Conseil Constitutionnel a finalement laissé le travail législatif se putréfier, anéantissant la complémentarité des droits qui renforcent la pérennité d'une démocratie. Désormais, la promulgation des lois se limite à concéder ces privations et privilèges que les partis politiques et les syndicats imposent pour convertir l'opinion publique à leurs idéologies dépassées.

Curieusement, la Cinquième République n'a jamais voulu attribuer un pouvoir souverain au Conseil Constitutionnel. Le Général de Gaulle rejetait l'idée même d'une Cour Suprême ; une institution contrôlant les magistrats et les élus lui était insupportable. Il justifiait sa vision à travers un argument d'une rare naïveté : *« la seule cour suprême, c'est le peuple »*. Cette erreur d'appréciation a été tragique pour la France ; les partis politiques ayant vite fait d'en exploiter la faiblesse. On observe aujourd'hui que *« la seule cour suprême, c'est une rue défoncée par les manifestations et les élections »*.

La chienlit juridique a remplacé la Cour de Cassation et le Conseil d'État. Les électeurs considèrent finalement que *« la loi c'est eux »*. Ils occupent les entreprises, séquestrent les patrons et saccagent le patrimoine des autres dans la plus parfaite illégalité mais certains de leur bon droit à rendre *« la justice populaire »*.

L'anarchie menace constamment mais la république résiste encore ; d'une part le Conseil Constitutionnel a dû se fabriquer un semblant de souveraineté et d'autre part la Cour Européenne des Droits de l'Homme détient l'autorité nécessaire pour rappeler l'État français à ses devoirs. Un certain optimisme est envisageable car la saisie du Conseil Constitutionnel par les citoyens eux-mêmes obéissent à de nouvelles règles faisant espérer que les lois respecteront dorénavant mieux les droits fondamentaux. Cette espérance sera toutefois vite déçue si les membres de ladite institution ne peuvent imposer techniquement et moralement leurs décisions au Conseil d'État et à la Cour de Cassation, qui se situent respectivement au sommet des ordres administratif et judiciaire.

Actuellement, le Conseil Constitutionnel a plutôt le charme désuet d'un hospice accueillant des politiques sans compétence juridique ou, pire encore, mis en examen pendant leur mandat. L'autorité judiciaire ne peut cependant pas s'organiser au moyen de scrutins populaires et à la majorité absolue. Mais rien n'interdirait d'entériner les nominations au Conseil Constitutionnel par un vote de confiance. Dans un premier temps, l'Assemblée Nationale proposerait, à la majorité des deux tiers, une liste de magistrats professionnels appartenant à la Cour de Cassation ou au Conseil d'État.

Au moment de l'élection présidentielle, les électeurs confirmeraient ou infirmeraient la recommandation des députés. Le chef de l'État aurait ainsi à ratifier des nominations ayant été, au préalable, validées par la nation. Une telle réforme débarrassera la justice française de sa déplorable image auprès de l'opinion publique. Elle est le prélude à la responsabilité civile des magistrats et à la réorganisation des procédures judiciaires dont l'archaïsme actuel est intolérable.

Le traitement de choc que réclament les justiciables, excédés par la lenteur et les erreurs de procédures, passe par une refonte en profondeur des missions qu'exercent les magistrats et les avocats. Le Conseil Constitutionnel devra faire respecter en priorité les droits garantissant l'indépendance et le discernement des magistrats vis-à-vis de l'instruction. Un juge souverain dispose de l'autorité suffisante pour interdire les reports d'audience, dénoncer les enquêtes bâclées, faire respecter le principe du contradictoire et sanctionner l'absence de moyens de droit ou les dépositions mensongères.

L'organisation d'un pouvoir juridique fort, indépendant, compétent et respecté mettra fin à la corruption ambiante que les partis politiques et les syndicats ont instaurée pour remplir leurs caisses et soudoyer les électeurs : remboursements des dépenses, rémunérations des élus, subventions, emplois fictifs, revenus de sociétés écrans, commissions occultes …

La démocratie profitera de l'éradication des élections cantonales, régionales et sénatoriales ; les maires et les députés arrêteront ainsi de se défausser sur des seconds couteaux se déclarant incontournables mais dont la soi-disant utilité est une supercherie. Le mirage de la décentralisation cessera d'abuser les électeurs, qui croyaient obtenir plus en votant d'avantage. En réalité, ils récoltent exactement l'inverse : le matraquage fiscal anéantit leur pouvoir d'achat et la bureaucratie étatique dégrade la compétitivité.

La suppression de tous ces scrutins inutiles bénéficiera aux citoyens qui vivent aujourd'hui dans un obscurantisme économique total ; les élus ayant réussi à bannir la transparence tarifaire du territoire français. Dans de très nombreux secteurs, comme la santé, l'éducation, les transports et le logement, soit 80 % du budget pour les ménages les plus modestes, la vérité des prix n'existe plus.

Prenons le cas d'une hospitalisation dans un établissement public. Un patient règle son séjour au moyen de huit prélèvements, dont la moitié n'a aucun lien direct avec son admission. Il s'acquitte des frais d'hospitalisation et des honoraires hors forfait après avoir dû régler au préalable deux cotisations (assurance-maladie et mutuelle), deux subventions (canton et région) et, pour couronner cette saignée royale, deux remboursements de la dette sociale (CSG et CRDS).

Le nécessaire remplacement du Sénat par un Conseil Constitutionnel élargi, soulève une autre interrogation : quelle est la raison d'être d'un président de la république ? Dans de nombreuses démocraties, son rôle est souvent honorifique. Il n'existe même pas lorsqu'une monarchie veille au respect de la constitution.

Considérons un instant tous ces chefs d'État qui, à l'ombre du suffrage universel, ont massacré physiquement ou économiquement leurs peuples. Staline, Hitler, Mao Tsé Toung, Pol Pot, François Mitterrand, Georges Bush par exemple. Leurs millions de victimes, mortes ou miséreuses, ne plaident nullement en faveur d'un scrutin conférant à un faux visionnaire des pouvoirs insensés.

Une démocratie marche sur la tête lorsque la présidence de la république monopolise le pouvoir exécutif qui, au contraire, est du ressort des communes et de la chambre des députés dont l'action s'inscrit dans un cadre législatif que le Conseil Constitutionnel doit faire respecter et évoluer. Celui-ci serait tenu de valider puis promulguer toutes les lois proposées par le parlement. Pour y parvenir sereinement, il a donc besoin d'être placé sous l'autorité d'une personnalité élue au suffrage universel, nullement inféodée à un parti ou une idéologie et avec une très grande éthique. En résumé, une finalité idéale pour la fonction présidentielle.

Les députés ne peuvent exercer éthiquement leur mission en proposant et votant les lois à leur guise, sans l'avis puis l'aval du Conseil Constitutionnel. L'indispensable séparation des pouvoirs dans l'administration doit s'aligner sur les pratiques du privé où un directoire gère et un conseil de surveillance fait respecter les règles de bonne gouvernance.

Il devient évident que les citoyens français n'ont donc besoin que de trois types de scrutins sur leur territoire national : les municipales, les législatives et les constitutionnelles, ces dernières étant utilisées pour élire le président de la république et confirmer la nomination des sages qui auront à valider les lois et les décrets. Les candidats aux élections constitutionnelles auraient l'obligation de se présenter devant les électeurs sans l'étiquette d'un parti ; leurs idéologies politiques sont sans intérêt puisque les missions auxquels ils aspirent sont à exercer dans l'intérêt général.

Débarrassé de ses fièvres cantonale, régionale, et sénatoriale qui affaiblissent sa liberté, l'électeur pourrait se croire guéri. Erreur potentiellement fatale ! Sa santé reste précaire suite à une contamination par un virus européen qui inocule de faux espoirs chez ces citoyens ayant déjà été très fragilisés par une grave désillusion nationale, le plus souvent législative.

Après avoir lâchement laissé s'instaurer une médiocratie en 1968 sous le joug de l'action syndicale, la Droite française dut faire oublier la panne de croissance qui s'en est suivie. En 1974, les premières élections pour le Parlement Européen ont redonné espoir au bon peuple, enthousiasmé à l'idée d'une nouvelle prospérité introuvable dans son propre pays. Plus tard, et bien qu'ayant combattu longtemps la création de la Communauté Économique Européenne, le Parti Socialiste s'est magistralement renié pour mieux mystifier ses électeurs dont le moral avait été ratatiné comme une rose fanée, suite à l'effroyable échec de la politique économique poursuivie par François Mitterrand.

Le virus de l'élection européenne s'est vite répandu dans les esprits angoissés : personne ne voulait revivre les atrocités de la seconde guerre mondiale et l'ogre américain, regorgeant de méchants dollars, s'apprêtait à croquer le vieux continent. Reconnaissons-le, le traitement de ces deux troubles du système nerveux-électoral a partiellement réussi ; l'Europe vit en paix et l'euro a trouvé sa place sur les marchés financiers.

Mais fallait-il créer une assemblée brouillonne et dénombrant quelques 700 élus pour construire une zone pacifiée avec une monnaie unique ? L'harmonisation des droits et normes qu'exige un espace de libre-échange est une affaire d'experts inspirant confiance à tous les acteurs économiques.

La gestion du Parlement Européen par des sous-fifres sans envergure, écartés du pouvoir dans leurs propres pays, est un non-sens. L'évaluation du bilan d'un maire libère déjà dans l'opinion une bonne dose de subjectivité. L'appréciation équitable d'une cacophonie parlementaire de 734 membres constitue une tromperie certifiée. Faisons un simple test de paternité : qui est responsable du fiasco magistral de la politique agricole commune ? Un élu en particulier, un parti, toute une assemblée ? Personne le sait et ne le saura jamais. À y regarder de près, le bilan de ces trente dernières années légitime la disparition rapide du Parlement Européen. Celui-ci s'est acharné à socialiser l'économie au détriment de la croissance, provoquant un véritable désastre constaté quotidiennement par 350 millions de consommateurs, 80 millions de pauvres et 35 millions de chômeurs déclarés ou dissimulés.

Avant d'enterrer définitivement les élections cantonales, régionales, sénatoriales et européennes, les électeurs avisés, et de surcroît curieux, doivent s'interroger une dernière fois. Un enfer électoral peut-il perdurer sous la seule égide des politiques ? D'autres élus ne seraient-ils pas impliqués dans la déchéance de la nation ? Le triste sort d'Eve fournit une réponse à ces interrogations. Sans un serpent persifleur, jamais la compagne d'Adam n'aurait chapardé le moindre fruit de sa main délicate ; ce qui signifie qu'une bonne langue de vipère s'avère indispensable pour attiser en permanence la convoitise humaine.

Les politiques ont parfaitement assimilé cette leçon citoyenne qu'Eve nous a laissée en héritage. Ils ont accordé des droits princiers à des êtres vils et menteurs pour bâtir une armée de mercenaires entretenant une envie malsaine dans toutes les couches sociales. Non ne vous méprenez pas, il ne s'agit pas des banques, mais des syndicats !

Sur le papier doré des nobles déclarations d'intention, les partenaires sociaux jouent un rôle similaire à celui de la classe politique. Leur objectif commun est des plus louables : la défense des droits inaliénables entretenant un équilibre pertinent entre prospérité, cohésion sociale et écologie. De toute évidence, le travailleur a été logé à la même enseigne que le citoyen lambda. Un message plein d'espoir, votez pour défendre vos droits, lui est toujours servi, tel un plat chaud dans une soupe populaire, afin qu'il oublie au plus vite une condition ne méritant aucune compassion.

L'illusion du droit de vote syndical cantonne les salariés dans un refuge pour incompétents bêtement persuadés que l'union fait la force. Les grèves et les manifestations monstres ayant jalonné l'histoire de la cinquième république depuis son avènement ont-elles profité aux braillards et porte-banderoles de toutes obédiences ? Absolument pas ! Elles ont simplement dissimulé l'impitoyable vérité : la démagogie du « *toujours plus* » a détruit la compétitivité de la France.

Ceux qui font croire qu'un scrutin est un substitut à la compétence se trompent, trompent, et en fin de trompe éléphantesque, substituent une médiocratie électorale à une méritocratie. Nous l'évoquions dans l'introduction, la duperie n'est jamais éternelle : les salariés boudent fort judicieusement les élections des organisations représentatives du personnel.

Contrairement aux idées reçues et entretenues malhonnêtement par la Gauche française, absence de représentation syndicale n'est pourtant pas synonyme avec fin de la négociation paritaire. Des délégués, tirés au sort parmi un collège de candidats, seraient plus utiles que ces esprits bornés, aux ordres de centrales se radicalisant comme tout mouvement idéologique décrédibilisé.

Les valeureux salariés français, refusant de participer à la mascarade des élections dans les entreprises, privent les syndicats des ressources que procurent les adhésions. Mais, cette résistance à la politisation outrancière de l'économie réelle n'a pas été récompensée. Sans revenu légal pour agir constructivement, les syndicats se sont retranchés dans les bas-fonds du droit de grève en abusant du statut que leur confère une élection. Rendons-leur un vibrant hommage, ils ont surpassé leurs maîtres politiques. L'usage illégal de l'arrêt de travail leur a fourni les trois privilèges habituellement réservés aux apparatchiks des dictatures communistes : impunité, désinformation et totalitarisme.

L'impunité dont bénéficient les partenaires sociaux fait pâlir de jalousie les trop rares maires et députés condamnés pour détournement de l'argent public. Il est indiscutable qu'un scandale financier éclaboussant un syndicat français n'arrive jamais à son terme devant la justice. Chez Air France par exemple, l'enterrement de la vérité est un gage de paix sociale ; la première classe a même été réservée aux vols et autres malversations du comité d'entreprise.

En dépit du mépris justifié envers les partenaires sociaux, les chaînes de télévision françaises relaient chaque jour et sans débat contradictoire le leitmotiv gémissant d'une minorité très angoissée par le travail : *« le gouvernement ne fait rien pour nous »*. Le cas d'école de l'Éducation Nationale, pleurnichant sur son sort par syndicalistes interposés, est pathétique. En France, le budget par habitant consacré à l'enseignement est l'un des plus élevés au monde.

Personne dans l'audio-visuel public n'a eu l'éthique nécessaire pour convier des experts mondiaux et expliquer objectivement, et en prime time, que quatre générations d'étudiants ont été sacrifiées sur l'autel de la centralisation soviétique imposée par la Gauche ? Inutile désormais de chercher à comprendre la vérité car la majorité des médias, contrôlés par les syndicats, entretiennent un simulacre de contradiction !

Si l'impunité et la désinformation sont les deux mamelles de la politique, le totalitarisme en est l'enfant naturel. Ces doctrinaires qui s'insurgeaient dans les années soixante contre les monopoles capitalistes ont formé un oligopole syndical, coupable d'abus de position dominante. La protection sociale, la retraite obligatoire et la formation professionnelle constituent en effet de gargantuesques gâteaux qui n'ont pas vocation à nourrir toute la misère humaine. Ceux-ci peuvent à peine faire végéter cinq organisations syndicales en France.

Dans certains secteurs, le dessert ne se partage surtout pas. Les manuels de droit pénal devraient tous référencer le cas impuni du syndicat du livre ; la CGT ayant réussi à instaurer un modèle de totalitarisme dans une démocratie afin d'exploiter seule le magot.

Les férus d'histoires cocasses ont encore à l'esprit les 200 tonnes de papier expédiées chaque mois par les imprimeries nationales au camarade Castro dépourvu de bobines, mais pas de prisonniers politiques, pour publier Granma, le « journal officiel du comité central du parti communiste de Cuba ». Nos bons lecteurs français finançaient à leur insu un outil de propagande d'une dictature parmi les plus méprisables. L'État n'a osé porter plainte contre le syndicat coupable ; celui-ci menaçant de paralyser, par la grève, toute la presse française.

Cette dictature cégétiste, dont profite pleinement la nomenklatura des rotativistes avec des salaires mensuels avoisinant les 5.000 euros et des primes de licenciement approchant les 170.000 euros, sacrifie toute une profession. Soutenue par la complaisante lâcheté de l'État, l'antichambre du parti communiste fait mourir à petit feu la presse écrite puisque les coûts de production et de distribution sont exorbitants.

Les utopistes participant encore aux élections syndicales ne disposent d'aucun moyen fiable pour évaluer l'action de leurs représentants. Les salariés ne peuvent jamais sanctionner les graves erreurs des partenaires sociaux qu'ils ont élus car ils auront auparavant été transportés par une charrette de licenciement vers le Pôle Emploi, l'agence nationale industrialisant le chômage en France.

Au passage, et par souci d'équité, quelques mots sur les pseudo-magistrats qui sévissent aux prud'hommes et dans les tribunaux de commerce. Il serait aberrant d'organiser un scrutin lorsqu'un athlète veut passer professionnel ; seules ses performances devraient lui assurer un nouveau statut. Une telle absurdité est pourtant le fondement même des tribunaux consulaires dont l'existence est une insulte à la démocratie. L'élection d'amateurs produit une justice dont le manque criant de compétences se retourne contre les justiciables, forcés de se pourvoir en appel et en cassation, à leurs frais, pour faire respecter leurs droits.

Il est incompréhensible qu'une nation, dite démocratique, puisse faire rendre la justice par des juges amateurs formés en moins de trois mois sans le moindre désaveu de la Cour Européenne des Droits de l'Homme.

Lorsque dans l'introduction nous décrivions la France comme une icône de l'inefficacité électorale, nous étions sûrs et certains de ne pas décevoir. Aucune des dix premières économies mondiales n'arrive à l'ergot du coq gaulois. Pourtant, bon nombre de démocraties réputées pour leur efficacité électorale doutent actuellement. Le suffrage uninominal à un tour qu'elles privilégient et le bipolarisme qui en résulte n'ont-ils pas provoqué un manque de débat sur les grands sujets sociétaux : les déficits publics, le chômage de masse et la destruction de l'environnement ? Les institutions de ces nations, parmi les plus riches au monde, n'ont-elles pas laissé les élus créer d'odieuses inégalités que l'on exporte vers les pays émergents ?

Revenir aux fondements de la démocratie ne sera pas chose aisée. La technologie crée une dictature de l'image dont l'immoralité s'aligne de plus en plus sur la perversité des partis politiques. En France, les intérêts financiers des minorités détenant le pouvoir écrasent la défense de l'intérêt général, trahissant toute la confiance que les électeurs placent dans le processus électoral.

Rien de plus normal dans un pays où les mensonges et les rumeurs créent la psychose de l'État providence avec l'entière complicité des médias. Ceux-ci se sont vus offerts une totale immunité civile et pénale en échange de leur servilité manifeste envers les partis politiques dont ils défendent les privilèges.

« *La critique est aisée, l'art est difficile* », cette simple phrase de Boileau prend toute sa valeur lorsqu'un électeur veut reprendre en main son destin de citoyen. Dénoncer les mauvais résultats d'un élu est stérile. Changer de parti politique déplace le problème. Scier la branche dorée sur laquelle un représentant du peuple campe depuis des décennies reste la seule solution viable.

Inutile d'attendre la venue de messies qui viendraient sauver la démocratie mourante en ayant recours aux referendums. Aucun président de la république française n'a jamais eu le courage d'organiser une consultation sur l'immigration. Les formations politiques reproduisent des clones auxquels manque cette étincelle de génie qui galvanise une nation à se surpasser dans les moments les plus critiques de son histoire. Par voie de conséquence, la révolution silencieuse reste la seule solution. Mais toute évolution radicale nécessite toujours deux composantes : un mode d'intervention, tel un scrutin autorisant à s'exprimer, et un seuil d'exigence, par exemple le taux de représentativité pour se maintenir dans une élection.

La réforme pacifique des élections doit donc s'organiser en deux phases distinctes : l'abstention légale et massive, le mode d'intervention, puis une réforme constitutionnelle pour faire respecter le principe de « *compétence d'appréciation »*, le seuil d'exigence. Un bon réseau social sur Internet effectuera le travail en douceur. La France peut regagner ses libertés en s'inspirant de ces pays qui ont tissé une toile dans laquelle leurs dictateurs se sont fait piéger.

La première étape conduira à invalider les élections sans objet puisque le quorum ne sera jamais atteint. Idéalement, devraient être disponibles dans les isoloirs un bulletin rouge, traduisant la volonté de faire annuler un scrutin anticonstitutionnel, et un bulletin dit « blanc » mais dans un ton plus canari.

L'électeur jouerait ainsi le rôle d'arbitre ; carton jaune je vous avertis car aucune formation n'est crédible, carton rouge je vous expulse refusant de cautionner une procédure illégale. Si un tel dispositif existait, l'abstention serait nettement réduite et les hommes politiques perdraient de leur suffisance au soir des élections. Autre avantage, la promotion du rouge et du jaune procurerait aux associations apolitiques la possibilité de former un réel contre-pouvoir dans le paysage électoral. Qu'elle soit sauvage ou civilisée, l'abstention reste l'unique moyen de faire plier l'État socialo-défaillance sans avoir recours à une révolution violente, un procédé indigne au XXIe siècle.

Devant le refus du peuple de se faire berner plus longtemps, le code électoral sera redéfini. Le Conseil Constitutionnel devra invalider tout scrutin qui n'autorise pas une évaluation fiable de l'action politique. L'application de cette règle conduira à éradiquer les élections cantonales, régionales, sénatoriales et européennes pour lesquelles une appréciation des élus est tout bonnement irréalisable.

Électeurs, électrices, le bonheur est à portée de vue, derrière une barrière dénommée courage. En mettant à la porte 500.000 élus, sur les 680.000 que compte la France, les dizaines de milliards d'euros qui sont détournés chaque année de vos feuilles de paie et de votre patrimoine vont s'appeler *« revient »*.

Chapitre 2

Les fausses majorités

En plaçant leurs doigts dans l'engrenage de l'euphorie, les élus ont réduit la morale publique en chair-à-pâté, hachée menu par la redondance des scrutins. La loi de l'offre et la demande jouant pleinement son rôle, la profusion des élections a fait exploser le nombre de partis. L'État français a ainsi subventionné environ cinquante formations politiques lors des législatives en 2007 ! Attirés par les gains financiers et les privilèges excessifs qu'offrent les consultations populaires, de nouveaux entrants sont venus chasser et pêcher les électeurs des grandes familles traditionnelles.

L'éclatement des partis en groupuscules au service d'ambitions personnelles panique les détenteurs du pouvoir, dès lors condamnés à grappiller les voix et à combiner leurs forces dans des alliances disparates, du type Droite ou Gauche. Deux tactiques facilitées par l'instinct grégaire, cette pulsion de s'unir sans discernement, qu'Adam et Eve ont transmis à l'humanité tout entière. Tout au début de son séjour au paradis, Adam refusait pourtant les avances de la première femme car il se sentait défiguré depuis la perte d'une côte, un prélèvement qui le faisait atrocement souffrir, tant moralement que physiquement.

Eve ne lui était nullement reconnaissante pour un don d'une admirable générosité ayant donné naissance à la féminité. L'entente entre ces deux-là était toute sauf cordiale ; mais leur départ de l'éden les obligea à s'associer dans le malheur en procréant et travaillant. On ne peut qualifier leur union de mariage blanc ; ils vécurent ensemble et n'ont jamais menti sur leur désir de fonder une famille. Le qualificatif de gris semble plus approprié car Eve escroqua sentimentalement son compagnon d'infortune pour obtenir un soutien indéfectible en dehors de l'éden ; une alliance électorale qui n'est pas sans rappeler plusieurs accords politiques durant la cinquième république. Le Parti Communiste Français fut, par exemple, la victime sentimentale des socialistes.

La maîtrise de trois comportements conditionne la réussite d'un mariage ni blanc ni noir : trouver un être faible recherchant un réconfort, énoncer une promesse illusoire et afficher un bonheur factice aux yeux de tous. Eve eut la tâche facile ; elle jeta son dévolu sur le seul parti disponible. François Mitterrand dut composer avec des millions d'idéologues issus de formations sectaires : Léninistes, Trotskistes, Maoïstes et Communistes. Ceux-ci déprimaient car l'électorat français sanctionnait leur complicité à l'égard du stalinisme et du maoïsme. Ils partageaient le profond désarroi qui tourmenta Adam durant toute son existence, celui d'avoir été abusivement exclu du paradis.

Staline et Mao étaient pourtant des pommes rouges bien pourries, mais rien n'y faisait, un sentiment d'injustice mâtinée de découragement minait l'extrême gauche, une proie devenue trop facile pour François Mitterrand qui lui proposa un mariage tout aussi raté que les unions parmi les cours royales ou princières, avec Londres et Monaco en tête de cortège nuptial.

Le challenge était réel puisque l'élimination de toute résistance à la pensée socialiste ne pouvait s'accompagner de massacres comme le firent Lénine, Staline ou Mao pour imposer leur vision du communisme. Le seul génie de Mitterrand fut d'orchestrer la survie des partis d'extrême gauche en leur garantissant représentativité et financement. Les élus bénéficièrent de prérogatives, introuvables dans le privé. Un entrepreneur engage ses propres économies et perd sa mise de départ si le marché ne reconnaît pas la valeur de ses solutions. Une formation dont 95 % des électeurs rejettent la pensée, se voit rembourser ses frais de campagne par le contribuable. Cherchez l'erreur !

On peut déjà s'interroger sur l'incompréhensible refus des constitutionnalistes d'exclure les minorités malsaines du paysage électoral. Il est scandaleux qu'un parti obtenant péniblement 5 % des suffrages exprimés et 3 % des inscrits, pour un scrutin à deux tours, puisse ouvertement marchander ses voix avec une formation en quête d'une majorité.

Lorsqu'un contribuable vigilant réfute le montant exorbitant des subventions électorales, l'argument de la diversité politique lui est invariablement servi froid et faisandé sur un plateau débarrassé de toute autre justification. Un suffrage qui ne limite pas salutairement le nombre des candidats aux élections n'a pas sa place dans une démocratie. En la matière, la France ne frise pas le ridicule, elle est ridicule.

Pas convaincu ! Cherchez donc l'apport de la Ligue Communiste Révolutionnaire, rebaptisée Nouveau Parti Anti Capitaliste, à la modernisation de la France. L'inspiration ne venant pas, un rapide sondage dans votre entourage devrait vous aider. Toujours pas de réponse. Soyez rassurer, c'est normal, aucune proposition concrète n'est venue d'un groupuscule idéologiquement mort depuis sa naissance et vendant, à qui veut l'entendre, du trotskisme avarié.

Il est révoltant de constater que les recettes fiscales tombent dans l'escarcelle d'un parti tenant un discours anticonstitutionnel. Proclamer son anticapitalisme et son antilibéralisme viscéral revient à renier publiquement les droits inaliénables que sont la propriété et la liberté d'entreprendre. Au plan de l'éthique, la république ne devrait pas financer un mouvement contre lequel plus de 95 % des électeurs inscrits expriment constamment leur défiance justifiée.

Dans le secteur privé, une entreprise ne rétribuerait jamais un salarié qu'elle ne désire pas recruter. En politique, l'inverse se rencontre car la survie organisée de nombreux partis autorise à ratisser large. Une campagne électorale utilise un réservoir, non pas d'essence mais de votes, où chaque goutte compte, en particulier le bulletin qui procure la majorité absolue.

D'une rare bêtise, la stratégie du multipartisme effréné équivaut à se tirer une balle dans le pied ; elle affaiblit en effet chaque acteur dont la base électorale est grignotée par l'arrivée de nouveaux groupuscules. Ces derniers, tels des enzymes gloutons, ont une attirance innée pour la saleté politicienne. Devant la montée en puissance des petits partis, les grands mouvements nationaux se sont ainsi retrouvés piégés : les parts du fromage que procuraient les financements occultes devenaient pitoyables et les accusations fusaient de toutes parts.

Cela ne pouvait durer. D'un commun accord, la fameuse Bande des Quatre composant l'oligopole en béton armé *« Droite et Gauche réunis dans la déroute de la nation »*, concocta une loi de financement parfaitement alignée sur la politique d'assistanat dont la France est si fière. Les groupuscules se sont vus octroyer une pitance de subsistance, le remboursement des dépenses électorales, et une rente confortable, les aides annuelles de l'État.

Attardons-nous un instant sur les législatives dont les frais de campagne sont pris en charge comme les tickets restaurant. L'État rembourse 50 % des montants dépensés, à hauteur d'un plafond légal fixé dans chaque circonscription, dès que l'on recueille 5 % des voix, pas plus. Toujours pour ce même scrutin, le législateur, désirant pérenniser la compromission des partis minoritaires, a complété ce remboursement par les aides annuelles de l'État, versées en deux fractions.

Obtenir la première constitue un jeu d'enfants ; avec 1 % des suffrages exprimés dans au moins cinquante circonscriptions, le magot est dans le sac. Un parti reçoit alors un petit viatique pour chaque vote en sa faveur, et ceci pendant cinq ans. En 2007, cinquante formations politiques se sont partagé ce jackpot annuel à trente-trois millions d'euros.

Mais, charité bien ordonnée commence par soi-même. Les élus ayant bravement conçu la loi de financement électoral se sont grassement remerciés avec la seconde fraction des aides publiques. Un pactole à quarante millions d'euros par an pendant toute la durée de la législature. Par contre, cette fois-ci pas question de partager. La super cagnotte a été réservée aux seuls groupes disposant d'une représentation à l'assemblée nationale. Bref, l'addition quinquennale devient salée : 365 millions d'euros. Pour obtenir quoi : une économie en panne, un environnement défiguré et l'insécurité en prime.

Eve non seulement exploita le désarroi d'un faible mais, fort maligne, promit également plusieurs avantages séduisants qui théoriquement se trouvaient au-delà de l'éden, vers la terre promise. Pêche, chasse et sexe à volonté convinrent Adam de quitter le paradis au lieu d'offrir une seconde côte au Dieu tout puissant en lui réclamant une nouvelle donzelle un peu moins gourde. Une tactique très habile et une inspiration pour François Mitterrand lors de sa première campagne présidentielle. Son union de la Gauche dévoya complètement le scrutin majoritaire à deux tours, un pis-aller électoral instauré par le Général de Gaulle et qui pousse les partis politiques à sombrer en permanence dans de minables alliances, dissimulées derrière une désunion fictive.

Les refus primaires et les insultes si profitables pour un premier round seront pardonnés, avec sourire et après de sordides marchandages, lors du second tour. Doter l'Assemblée Nationale d'une majorité, suite à une entente boiteuse fabriquée en deux temps, déplace mais ne résout en rien le problème ; le pays dispose d'un gouvernement stable mais d'un électorat instable et votant dans l'incohérence la plus totale. L'électeur fait joujou de Droite à Gauche, bercé par la douce illusion que « l'État c'est moi », puis s'endort au moment où résonne le refrain patriotique « l'État c'est personne », une nouvelle Marseillaise que devraient chanter en chœur députés et sénateurs réunis lors de chaque congrès extraordinaire.

Au début de la cinquième république, le scrutin majoritaire n'avait pas ce caractère outrageusement « putassier » que François Mitterrand lui conféra avec un catalogue de promesses irréalisables. La Droite française s'est inscrite par la suite dans cette pitoyable mouvance et nous abreuve elle aussi de propositions attirant les citoyens vers les vitrines glauques de la prostitution politicienne.

Beaucoup de politologues s'interrogent encore sur le profil idéal de l'électeur susceptible d'être séduit par ces annonces transformant les scrutins en ventes aux enchères. Inconscience ou immoralité, entre les deux se positionne le curseur de la réponse à ce questionnement. Désillusionnés par les résultats sans cesse déficitaires des élus, les citoyens responsables optent pour l'instabilité irréfléchie, preuve de leur défiance envers le pouvoir. Leur recours au vote sanction n'exprime aucune attente spécifique ; le plaisir du refus se suffit à lui-même.

A contrario, l'argument électoral « *prendre aux riches pour donner aux pauvres* » attire tous les assistés et jaloux de la nation. Tributaire de multiples allocations et subventions, les électeurs secourus traitent les petits partis comme des compléments alimentaires. Leurs suffrages améliorent ainsi le régime des grandes formations politiques, dès lors suffisamment costaudes pour voter la sauvegarde ou l'amélioration des largesses sociales.

L'électeur français croyait avoir prouvé qu'il méritait amplement sa réputation internationale de « *French Lover* ». En réalité, grâce au socialisme, il se retrouve affublé d'une image non surfaite et peu glorieuse de prostituée politique qui vend son bulletin de vote comme on marchande son popotin. La pertinence de cette allégorie s'amplifie à chaque élection au rythme des promesses démagogiques formulées par des groupuscules en pleine expansion.

Dans une nation où prime l'interventionnisme étatique, le scrutin majoritaire à deux tours est particulièrement néfaste ; les petits partis exigent que soit reconnue leur générosité électorale, menaçant au passage de se radicaliser par la manifestation ou la grève. Ce chantage, imposé aux socialistes par les minorités anticapitalistes et écologiques, a fait exploser les déficits publics.

L'extorsion au soutien électoral a provoqué l'échec des deux septennats de François Mitterrand qui a soviétisé la France, mais à la sauce multipartite. Les apparatchiks nationaux savent désormais escamoter les pots de vin et autres formes visibles d'enrichissement illicite. Bien trop risqué avec ces citoyens que le portable transforme en délateurs potentiels ! Inutile d'être photographié l'enveloppe à la main alors que l'argent des contribuables se détourne légalement grâce à toutes ces agences gouvernementales, sociétés écrans et autres associations entre les mains des élus.

Par leur comportement, Adam et Eve nous ont inculqué une autre doctrine dont s'inspirent encore les élus français : une union même cyniquement factice doit refléter un bonheur des plus sereins dans l'opinion publique. Jamais les premiers humains n'ont dénoncé leur situation de couple reconstitué à des fins bassement politiques. Nulle dispute ou phrase maladroite, qui aurait pu compromettre une alliance électorale fragile, ne leur a jamais été reprochée. On était pourtant très loin de la vie en rose socialiste qu'ils s'étaient promise.

Sous François Mitterrand, tout fut mis en œuvre dans les médias pour présenter l'union de la Gauche comme une vraie réussite. Depuis 1981, la désinformation a envahi les journaux et les écrans à un tel point que la France ne mérite plus le titre de démocratie. L'appréciation paraît sévère mais faites un bilan factuel des deux derniers présidents de la république, réélus en 1988 et 2002. En pleine phase de croissance mondiale, ceux-ci ont réussi un exploit que nous envie la planète entière : faire lamentablement stagner l'économie. L'un a soviétisé l'industrie en période faste de libéralisme technologique, l'autre n'a su réformer l'État providence qui anéantit la prospérité nationale. Pendant deux campagnes électorales, tous les médias sans exception aucune ont travesti l'impitoyable réalité économique, préférant réduire le jugement des électeurs à une dispute infantile entre fausses majorités.

La France se retrouve plongée dans une situation tragi-comique que traduit si bien la fameuse bande dessinée *« Espion contre Espion »* où l'absurdité des positions annihile toute victoire potentielle. *« Mensonges de Droite contre mensonges de Gauche »* fournit désormais le script à la survie d'une république agonisante.

Aucune morale dans tout ceci, seule compte la « gagne » que les médias glorifieront, en se gardant bien de dénoncer les résultats déplorables des alliances politiques. Inévitablement, la France s'interroge encore sur la manière d'organiser, ou plus exactement bidouiller, ses élections. S'il fallait élire une icône de la sottise électorale, le scrutin régional remporterait la majorité absolue haut la main. Tout y est ; candidats d'une incompétence réelle mais parfaitement dissimulée, propos revanchards des battus aux législatives, et en apothéose, fusions des listes avant le second tour après un âpre marchandage des privilèges.

Dernière cause des fausses majorités à laquelle n'ont pu échapper Adam et Eve, la désinformation électorale. Bien avant la cueillette fatidique de cette maudite pomme, l'unique serpent du paradis présenta les résultats d'une enquête à laquelle avaient participé tous les autres animaux fréquentant l'éden. Les résultats furent sans appel ; la très grande majorité des sondés, qui n'avaient jamais vu ni goûté le fruit défendu, désiraient braver l'interdiction.

En questionnant les électeurs, les médias dénichent aujourd'hui des quasi-vieillards dont on fait soudain l'apologie alors que pendant les neuf dixièmes de leur existence ils n'ont strictement rien réussi. Aucune création de multinationale ou d'invention géniale à porter à leur crédit ! Qu'avait réalisé François Mitterrand à 65 ans avant l'élection présidentielle de 1981 ? La même chose que pendant ses deux septennats, du menu fretin que les médias auraient dû qualifier de menu-gredin suite à l'attentat raté de l'Observatoire.

Le prochain lapin crétin présidentiel, chaud ou froid, qui jaillira du chapeau des sondages s'annonce particulièrement prometteur car son bilan sera sûrement vierge, voire immaculé. Un conseil, qu'il n'ouvre surtout pas la boîte de pandore conçue par les instituts d'études interactives. L'espoir faisant vivre, les électeurs découvriront l'impitoyable réalité après les élections et sauront se renier, oubliant que leurs réponses à des enquêtes biaisées auront lancé la campagne d'un incompétent notoire.

Le manque de discernement des électeurs a induit une tragédie socio-écologique sans précédent depuis les années cinquante. Son intensité se vérifie on ne peut plus aisément. Un simple coup d'œil au sommet d'une ville française détecte un urbanisme et un tissu industriel saccagés par l'incompétence notoire des politiques.

Derrière chaque forme de pouvoir se cache un élu inapte et acceptant lamentablement les alliances contre nature. François Mitterrand n'avait aucune vision intelligente et valable pour la France, seule son élection lui importait. Quatorze ans de règne et un bilan qui se limite à deux réformettes dont profite encore la génération *« Bisou c'est super »* : les radios locales privées et la Fête de la musique. Ses grands desseins présidentiels et ses nominations ont tous généré des désastres économiques : les nationalisations, la retraite à soixante ans, le Revenu Minimum d'Insertion (RMI), l'Impôt sur la Fortune (ISF), la Contribution Sociale Généralisée, les Trente-cinq heures.

Le moral de l'électeur est légitimement au fond de l'urne. Quatre élections sur sept n'ont aucun objet réel et les scrutins utilisés dégagent de fausses majorités faites de compromissions avec ces formations minoritaires dont les revendications ruinent la nation. De nouvelles règles électorales s'imposent urgemment si la France désire vraiment élire des représentants œuvrant dans l'intérêt général.

Le changement demandera un certain courage, car en matière de scrutin uninominal majoritaire, les options sont plutôt limitées si l'on écarte la solution des deux tours dont nous venons tout juste de dénoncer non seulement le coût mais également la perversité.

Très en vogue dans les démocraties anglo-saxonnes, les suffrages à une seule consultation réduisent énormément les dépenses électorales supportées par l'État et les partis politiques. Scrutin majoritaire à un tour ou vote alternatif, le choix est loin d'être cornélien puisque leur philosophie diffère totalement.

Le scrutin majoritaire uninominal à un tour donne la victoire au candidat ayant rassemblé le plus de voix dans sa circonscription. Une majorité relative de votes suffit donc pour remporter une élection ; le candidat choisi pouvant avoir recueilli moins de la moitié des suffrages exprimés. Sa principale faiblesse tient au fait que le poids réel d'une formation politique est injustement converti en nombre d'élus. La répartition des sièges entre les différents partis ne reflète donc pas fidèlement l'avis général ; ceci est d'autant plus flagrant en cas d'abstention très élevée, induite par la défiance justifiée du peuple. Un vainqueur avec 40 % des voix peut très bien ne représenter en réalité que 20 % de l'opinion.

Avec un tel scrutin, les petites formations n'ont aucune chance de siéger parmi les assemblées nationales ou territoriales. Dernier inconvénient restant à évoquer : le vote uninominal à un tour engendre inévitablement le bipolarisme du corps électoral.

Chaque formation campe sur ses positions historiques et appauvrit le débat politique. Cet argument n'empêche pourtant pas de dormir les démocraties où les électeurs expriment clairement leur choix. D'avantage de libéralisme privé ou d'interventionnisme étatique, donc deux tendances véritablement distinctes. Reconnaissons aux Anglo-Saxons un certain pragmatisme qui fait tant défaut à la France dont la segmentation « Droite Gauche » se dessine après deux tours d'un processus particulièrement onéreux, odieux et pervers.

On peut légitimement s'interroger sur l'utilité d'un bulletin électoral n'indiquant qu'une seule préférence. L'être humain est-il mentalement câblé pour faire un choix prédominant, du type oui ou non, droite ou gauche ? Pas du tout, puisque nous acceptons perpétuellement les compromis. Par exemple, nous ne classons pas nos relations en deux groupes : les personnes aimées ou détestées ; sinon la moindre réunion familiale ou amicale tournerait au cauchemar.

À cause du mode de scrutin uninominal, un citoyen exprime un seul choix ne reflétant pas ses sensibilités personnelles, puisque le candidat idéal n'existe pas. Sa préférence est dès lors entachée de regrets, ce qui est bien dommage car chaque suffrage devrait fidèlement exprimer les préoccupations et volontés citoyennes.

Le vote alternatif, à préférences multiples ordonnées, offre d'indéniables avantages pour dégager une majorité absolue après un unique tour de scrutin. Dans les circonscriptions où un seul siège est en jeu, les électeurs votent en classant les candidats par ordre de préférence sur leur bulletin. Le dépouillement comptabilise d'abord les bulletins en fonction du premier niveau de préférence, ce qui conduit à élire un vainqueur si celui-ci obtient la majorité absolue. Dans le cas contraire, le postulant arrivé dernier est éliminé et ses bulletins sont attribués à un autre en fonction des secondes préférences exprimées. Ce processus s'achève lorsqu'un candidat recueille plus de 50 % des voix.

Il existe deux variantes du scrutin alternatif à un tour. Le vote obligatoire exige d'indiquer toutes les préférences sur un bulletin pour qu'il soit valide. Avec le mode optionnel, il est possible d'en limiter le nombre, voire n'en indiquer qu'une seule, si l'électeur souhaite exprimer sa défiance ou son indifférence envers les candidats. D'un point de vue pratique, le vote alternatif se rapproche du suffrage uninominal à deux tours, mais évite aux citoyens de se déplacer plusieurs fois. Au plan de l'éthique, les avantages sont multiples. Tout d'abord, l'électeur maîtrise mieux ses choix car il place en première préférence le candidat le plus proche de ses idées et, en seconde position seulement, un autre capable de faire barrage au postulant dont il ne veut pas.

La majorité absolue reflète alors un large consensus car les électeurs appartenant aux petits partis concourent eux aussi à désigner les élus, sans subir les affres des marchandages politiques. Dans l'exemple ci-dessous, le candidat avec le plus grand nombre de premières préférence ne remporte finalement pas l'élection car le report des voix du second éliminé ne lui pas été favorable.

Exemple de vote alternatif obligatoire

	Candidat (A) (45 %)	Candidat (B) (35 %)	Candidat (C) (15 %)	Candidat (D) (5 %)
Premier choix	(A) : 1600	(B) : 1400	(C) : 600	(D) : 200
Second choix	(D) : 500	(C) : 800	(B) : 400	(B) : 100
Troisième choix	(C) : 700	(B) : 400	(D) : 100	(A) : 60
Quatrième choix	(B) : 400	(A) : 200	(A) : 100	(C) : 40

	Nombre de 1er choix	Nombre de 2^d choix du 1er éliminé (D)	Nombre de 2^d choix du 2^d éliminé (C)	Nombre total de préférences	%
Candidat A	1 600			1 600	42,1
Candidat B	1 400	200	600	2 200	57,9

Nous aurons compris que le vote alternatif à préférences multiples nécessite l'utilisation de machines imprimant puis magnétisant les fiches utilisées pour valider le scrutin. Une fois son choix effectué électroniquement, l'électeur se voit remettre par l'appareil son bulletin de vote qu'il dépose dans une urne dont le contenu permettra de procéder aux vérifications requises.

Un tel scrutin peut néanmoins être perverti si les partis politiques distribuent à leurs sympathisants des pense-bêtes sur lesquels sont inscrites les préférences recommandées. La tactique des instructions de vote s'avère hasardeuse lorsque le nombre d'alternatives ne peut excéder deux ou trois. Les électeurs prennent alors le risque de faire élire le candidat dont ils ne veulent pas ; leur second choix prenant la place du premier. Cet inconvénient ne saurait toutefois remettre en cause une pratique électorale donnant aux citoyens le réel pouvoir de conjurer les alliances contraires à leurs souhaits.

Un autre type d'élection à deux tours sévit sur le territoire français : le scrutin de liste que l'on retrouve pour les municipales et les régionales. Attardons-nous sur le sort des premières dont la complexité interpelle vu leur enjeu basique : élire un maire et un conseil municipal. En France, rien n'est vraiment simple. Pour commencer, il faut différencier les territoires avec moins de 3.500 habitants, les autres supérieurs à ce chiffre et trois grandes métropoles, Paris, Lyon et Marseille, soumises à des dispositions électorales spécifiques.

Allez comprendre la logique derrière cette segmentation d'une ridicule complexité ! Une commune avec moins de 8.000 habitants ne devrait déjà même pas exister ; en dessous d'un tel seuil elle ne peut assurer pleinement son indépendance budgétaire.

Pour faire simple, focalisons donc notre réflexion sur les municipalités dénombrant 3.500 résidents et où la loi électorale actuelle prescrit un scrutin à deux tours, avec un dépôt de listes complètes sans possibilité de modification. Au premier tour, une formation obtenant la majorité absolue se voit attribuer la moitié des sièges dont le reste est réparti selon la règle de la représentation proportionnelle à la plus forte moyenne. Dans le cas contraire, un second tour est organisé ; seules les listes ayant obtenu au moins 10 % des suffrages exprimés peuvent se présenter. De nouveau, celle arrivée en tête remporte la moitié des sièges ; le restant est partagé comme pour le premier tour.

Les modalités d'un tel scrutin ne sont guère séduisantes ; les alliances contre nature ainsi que les surcoûts, non seulement perdurent mais s'aggravent. D'une part le seuil de 10 % requis pour se maintenir au second tour fait que les petits partis marchandent leur retrait. D'autre part, la composition des listes n'indique pas les futures fonctions électorales. L'électeur se retrouve dans la situation d'un consommateur qui remplirait un bon de commande n'acceptant que le montant facturable ; le distributeur choisissant la nature des produits. Reste donc à trouver un mode de scrutin qui dégage un consensus après un seul tour, reflétant fidèlement les différentes sensibilités citoyennes et indiquant ouvertement les postes municipaux promis aux vainqueurs.

Les ardents défenseurs de la représentation proportionnelle font valoir des arguments fort pertinents car les préoccupations électorales sont localement très diverses ; elles concernent pratiquement tous les aspects de la vie quotidienne. Pèse sur un maire, la même obligation morale que celle incombant à un président de la république ; malgré leurs convictions politiques, tous deux sont garants de l'intérêt général.

Puisqu'une élection municipale doit refléter l'expression d'un large consensus, on a donc tout intérêt à suivre la logique du vote préférentiel utilisé pour les législatives. Énorme avantage, les modalités restent identiques, quelle que soit la nature de l'élection. Une telle option s'avère néanmoins plus complexe : le nombre de voix doit être converti en sièges de conseillers municipaux. Ceci signifie que, contrairement au scrutin uninominal, les formations n'ayant pas remporté la majorité se voient attribuer des élus.

Le scrutin alternatif sait gérer cette contrainte. Un parti auquel il manquerait des premières préférences peut renverser la situation s'il obtient les reports d'une formation éliminée. Comme l'indique le tableau ci-après, les secondes préférences du parti arrivé dernier bénéficient à une autre formation obtenant ainsi les 15 % nécessaires pour siéger au conseil municipal et se faire rembourser ses dépenses de campagne.

Exemple de vote alternatif obligatoire pour un scrutin de liste

	Liste (A) (40 %)	Liste (B) (25 %)	Liste (C) (20 %)	Liste (D) (10 %)	Liste (E) (5 %)
1er choix	(A) : 16000	(B) : 10000	(C) : 8000	(D) : 4000	(E) : 2000
2e choix	(B) : 12000	(C) : 4000	(A) : 5000	(B) : 3000	(D) : 1000
3ème choix	(C) : 3000	(D) : 3000	(B) : 2000	(C) : 600	(B) : 600
4ème choix	(D) : 800	(E) : 2000	(D) : 800	(E) : 300	(C) : 300
5ème choix	(E) : 200	(A) : 1000	(E) : 200	(A) : 100	(A) : 100

	Nombre de 1er choix	Nombre de 2^d choix du 1er éliminé (E)	Nombre de 2^d choix du 2^d éliminé (D)	Nombre de 2^d choix du 3e éliminé (C)	Nombre total de préférences	Listes au-dessus de 15%
Liste A	16000			8000	24000	Oui
Liste B	10000		3 000		13000	Oui
Liste C	8000				8000	Oui
Liste D	4000	2000			6000	*Non*
Liste E	2000				2000	*Non*

Toutefois le vote alternatif ne résout pas une épineuse question : l'incompétence des conseils municipaux. Un simple voyage en France dévoile l'horreur communale rythmant notre quotidien. Des centres commerciaux en tôle ondulée côtoient des sites classés, une laideur architecturale sans nom défigure nos villes, les bâtiments scolaires sont souvent dignes du tiers-monde, des habitations restent édifier sur des zones à risque, les voies urbaines saturées en permanence sont dépourvues d'emplacements pour stationner.

Un maire devrait piloter une équipe jouant le même rôle qu'un directoire dans une société anonyme, à savoir, gérer les opérations dont les grandes orientations auront été validées par le conseil municipal. Ce dernier exercerait un rôle de surveillance, focalisée sur les investissements et le respect d'une bonne gouvernance.

Une démocratie dite avancée ne peut plus être dirigée par des élus sans aucun diplôme en gestion administrative. Un tel non-sens, impensable dans une entreprise privée, se rencontre pourtant souvent dans les collectivités locales où l'agent immobilier du coin confond allègrement intérêt privé et droit public.

Au plan national, l'État est mieux loti car les ministères sont dirigés par des fonctionnaires, diplômés de grandes écoles préparant aux plus hautes responsabilités dans l'administration. Si certaines fonctions, comme les notaires et les magistrats, doivent aujourd'hui détenir un diplôme spécifique, comment se fait-il qu'aucune contrainte de cette sorte ne pèse sur un maire ?

La professionnalisation des élus municipaux réclame aussi une nouvelle organisation des listes électorales qu'il conviendrait de structurer en plusieurs commissions, par exemple, état civil, enseignement et sports, santé et aide sociale, sécurité et urbanisme.

Dans notre exemple précédent, le groupe politique arrivé troisième en nombre de premières préférences possède une fibre écologique grosse comme un tronc d'arbre. Fidèle à ses convictions, il a présélectionné une commission, sécurité et urbanisme, qui devra donc accueillir les quatre conseillers obtenus par sa formation suite au dépouillement du scrutin. Une telle disposition est primordiale ; elle évite que certains élus soient habilement écartés durant les délibérations, transformant la salle du conseil municipal en une petite cuisine entre amis.

La France doit également élaborer une nouvelle loi rehaussant le pourcentage des suffrages exprimés qu'un parti doit recueillir pour se maintenir dans une élection et se faire rembourser ses frais de campagne. Le seuil de représentativité joue un rôle capital dans le paysage électoral : trop faible, il entretient une cacophonie, exagérément élevé, un oligopole dépourvu d'imagination. Est-il réaliste de trouver un juste équilibre dont profiteront le débat politique et la démocratie ?

Deux analyses plutôt complémentaires vont tenter d'éclairer notre lanterne citoyenne en se fondant sur le fait que la constitution française garantit aux citoyens les libertés d'entreprendre et d'accéder à la propriété. Une économie totalement dirigée par l'État n'a donc aucune légitimité. Une réalité que certains grands penseurs à Gauche fuient encore par idéologie.

Deux tendances socio-économiques majeures ont influencé la France au cours du vingtième siècle : libéralisme ou interventionnisme. Une telle segmentation se retrouve dans de nombreux pays. Aux États-Unis par exemple, les Républicains se démarquent clairement des Démocrates. En Angleterre, les Conservateurs et Travaillistes s'opposent.

L'être humain entretient ses libidos, savoir, pouvoir, affiliation ou sexe, en cherchant à obtenir une intensité maximale. Il développe une attirance, parfois malsaine, pour les situations extrêmes, les plus riches en sensations fortes. L'électeur, en censeur politique qui s'ignore, est donc immuablement attiré par les partis extrémistes lorsqu'il veut manifester son désarroi ou sa colère envers les élus.

La libido électorale, la pulsion de guider le peuple, comporte trois niveaux idéologiques : intransigeance, réticence et accommodation. Nos deux tendances politiques, libéralisme et interventionnisme, s'en inspirent naturellement. Le libéral intransigeant rejette toute intervention de l'État, le réticent accepte une collaboration ponctuelle avec l'administration dans certains cas et l'accommodant se résigne à une régulation permanente du secteur public. Le trio *« faucon, étourneau et colombe »* sait aussi prendre son envol dans un contexte antilibéral.

L'interventionniste intransigeant ne jure que par une économie publique, le réticent se berce dans la douce illusion du monopole étatique compétitif et l'accommodant reconnaît les mérites du privé face aux criantes lacunes du collectivisme. Clairement, les colombes navigant à vue entre deux propensions font gagner les élections tellement leurs sensibilités se rejoignent. En plein vol, un oiseau mâle se confond aisément avec un volatile femelle de la même espèce. Un libéral et un interventionniste accommodants s'apparentent si bien que l'électeur n'y voit que du feu.

Au final, cinq grandes alternatives politiques peuvent réellement fédérer les électeurs en proposant des programmes véritablement distincts. Entre l'ultra libéral et l'interventionniste primaire, les promoteurs de trois modèles plus conciliants peuvent se faire une place au soleil en vantant l'idée que l'économique prime sur le social, ou l'inverse ou ni l'un ni l'autre. Je divise donc 100 % des électeurs inscrits par cinq et j'obtiens un seuil de représentativité salutairement discriminant.

En France, une barre à 20 % des inscrits condamnerait environ quarante-cinq formations politiques sous perfusion. Est-ce un crime ou une saine épuration ? Avant de répondre, examinons par compassion le profil des formations à éliminer en interrogeant la Commission Nationale des Comptes de Campagne et des Financements Politiques.

En 2007, le contribuable a financé plusieurs mouvements dont les titres resteront éternellement gravés dans la mémoire de la république française. Voici quelques morceaux triés sur le volet : *Le Trèfle-Les Nouveaux Ecologistes homme-nature-animaux, Mouvement populaire franciscain, Nouvelle Donne, Concordat citoyen, Droit de chasse* et *Archipel demain*. Que du beau linge en matière d'inutilité électorale. Aucune pitié donc, notre première estimation à 20 % tient debout et agira comme un désherbant efficace sur le milieu politique ; disparaîtront les mauvaises pousses étouffant la préservation de l'intérêt général.

Par pitié pour les condamnés, serait-il toutefois envisageable d'utiliser un seuil moins brutal ? Un taux de représentativité fixé à 15 % des inscrits pourrait s'avérer plus équitable si l'on souhaite intégrer l'abstention. Un autre raisonnement conforte un tel chiffre : le seuil différentiel, une notion définissant la limite en dessous de laquelle une personne ne peut dissocier deux stimulations. En d'autres termes, un petit incrément faisant qu'une différence est perceptible par un humain obéit à une constante dénommée fraction de Weber, une valeur proche de 15 %. Faites un simple test : placer côte à côte deux lampes, l'une de 100 watts, l'autre de 95. Vous ne pourrez pas les différencier car l'écart est inférieur à la constante tout juste indiquée. Pour cette raison, un électeur peine toujours à distinguer un libéral accommodant d'un interventionniste trop conciliant.

En relevant la représentativité à 15 % des inscrits, la loi électorale réduira les aides publiques accordées aux formations politiques. Le bénéfice sera certes financier mais aussi moral. Dans toute discipline, la quantité ne remplace jamais la qualité. La France compte pléthore d'élus pour lesquels la politique représente le seul moyen d'obtenir un statut et une rémunération que le secteur marchand leur refuse fort judicieusement. Par contre, elle manque cruellement de représentants ayant dirigé avec succès une entreprise privée et souhaitant consacrer une partie de leur existence à l'action politique. Ce nécessaire transfert de talents entre les secteurs privé et public responsabilisera un État occupé à enfiler les déficits comme des perles en cadeau électoral aux générations futures.

De ce chapitre, nous retiendrons que le vote préférentiel et un seuil de représentativité beaucoup plus exigeant peuvent redonner un nouvel espoir aux électeurs. La création de majorités factices construites autour de trop nombreux partis sans intelligence ni éthique, a ruiné la France. Reposons-nous donc la question clé évoquée dans l'introduction de cet ouvrage : sommes-nous plus heureux aujourd'hui qu'il a cinquante ans ? Non seulement la pauvreté est plus apparente et choquante, mais les citoyens ont aussi perdu légitimement confiance dans la classe politique pour recréer une prospérité qui fait défaut à la France depuis presque un demi-siècle.

Rien de surprenant, car l'inévitable surenchère des fausses alliances électorales engendre des majorités nuisibles qui énoncent un nombre hallucinant de promesses démagogiques, dont les effets euphorisants vont vite se traduire par une somptueuse langue puis gueule de bois. Une évolution prévisible que le prochain chapitre ne va pas se priver d'ironiser.

Chapitre 3

Les promesses démagogiques

Le nuage toxique de l'euphorie électorale s'estompant, le ciel s'éclaircit quelque peu. Cependant, un troisième danger se profile à l'horizon. Malgré leurs scrutins et leurs majorités factices, les partis peinent à mobiliser leur public car vanter les mérites d'une consultation ou d'un élu est en effet stérile si l'on oublie l'essentiel : le cadeau électoral.

Une nouvel phase euphorisante s'impose logiquement ; voici donc venu le temps des promesses démagogiques. La tactique ne date pas d'hier ; Eve ayant inconsciemment jeté les bases de la politique moderne. Alors qu'elle allait se faire virer sans ménagement du paradis, elle réussit à convaincre Adam de quitter l'éden contre un simple engagement de jours meilleurs, fondé sur quelques valeurs saines, comme la chasse, la pêche et les gros câlins.

Finalement, les tactiques électorales évoluent peu à travers les millénaires. Le parti socialiste, qui a choisi une fleur luxueuse pour symbole alors qu'une pomme aurait rendu un hommage mérité à son inspiratrice, ressort systématiquement les mêmes roses flétries en guise de propositions avant chaque scrutin.

En politique, une promesse est un bénéfice matériel ou moral proposé à un électeur pour obtenir son vote ; elle résulte toujours d'un odieux chantage auquel s'associent souvent les médias. Prenons le cas d'un accident de la circulation extrêmement meurtrier. Formant une association, les familles des victimes militent en faveur de réglementations plus strictes pour combattre la violence routière.

D'où une première tentative de pression sur le législateur : *« votez un texte ou votre passivité sera publiquement dénoncée »*. Une menace très facile à brandir ; une bonne dizaine de braillards avec pancartes et un journaleux équipé d'une caméra font l'affaire. Maître politique, attiré par l'odeur de la récupération électorale, obtempère en espérant sournoisement devancer ses adversaires.

Afin de satisfaire les exigences d'une minorité, une nouvelle loi est promulguée avec quelques mesures très rentables pour l'État. La répression de la vitesse au volant fera l'objet de toutes les attentions parlementaires. Les amendes collectées suite aux infractions bénéficieront de substantielles rallonges, au même titre que les impôts réclamés par le Ministre de l'Intérieur pour recruter dans les plus brefs délais une flopée d'inutiles, le carnet à souches ou le radar à la main. Par contre, le réaménagement du réseau routier, un fâcheux sujet, sera abandonné sur le bas-côté de la chaussée.

De même, la nécessité de sanctions plus strictes pour l'automobiliste sera éludée ; hors de question d'indisposer l'électeur qui sommeille en lui. Si tout conducteur, responsable d'un accident corporel grave se voyait retirer son précieux sésame pendant au moins un an, le foutoir du permis à points n'aurait jamais été inventé.

Pour ce premier exemple, l'électeur a la main. Au nom du grand principe d'égalité si chère à la république française, les élus ont l'occasion de se rattraper. En voici un exemple. Avertie d'une imminente cessation des paiements concernant une entreprise dans sa circonscription, une personnalité politique va se transformer en constructeur automobile bénévole, domaine auquel elle ne connaît strictement rien, et initier une promesse de sauvetage en conservant soigneusement le contrôle de l'opération.

Le prêt de plusieurs millions d'euros qu'elle entend prélever sur le budget de sa région, qui curieusement ne compte aucune banque privée, maintiendra en priorité les droits de salariés dont le licenciement serait dramatique, non pas économiquement mais électoralement parlant. Pensez donc, plusieurs centaines d'électeurs risquent de quitter sa circonscription ou d'adhérer à des groupuscules extrémistes mieux armés pour engager la lutte. L'élu accompagnera sa promesse d'un chantage feutré du type « avec moi ou dites au revoir à vos emplois ».

Les partenaires sociaux proches de son parti auront saisi le message et soutiendront ardemment son action auprès de l'opinion ; oubliant au passage que le sauvetage est subordonné à des fonds privés qui se feront attendre. Aucun industriel sensé n'envisagerait d'initier avec une petite entreprise, rongée jusqu'à l'os par le syndicalisme, une activité de haute technologie. Surtout que celle-ci réclame plusieurs centaines de millions d'euros pour s'imposer compétitivement, donc sans surfacturation aux collectivités locales, et en particulier à la circonscription détenue par l'élu concerné.

Le timing de tout chantage est vital car il conditionne l'intensité de la promesse. Une catastrophe naturelle lors d'une campagne électorale est un cadeau tombé du ciel ; l'électeur remarque d'autant mieux l'intervention d'un candidat lorsque les projecteurs de l'actualité sont braqués sur la classe politique.

Un pays ne maîtrisant pas l'éthique des engagements formulés par les élus sombre dans la corruption politicienne ; un mécanisme dont le dessein pour le corrupteur est d'obtenir un vote en sa faveur, le corrompu quant à lui cherchant à soutirer un avantage indu. Les formes de turpitude électorale sont si multiples, qu'il convient de les classer selon leur degré de nocivité. L'électeur se comportant comme un chaland écervelé, le code de la consommation définit logiquement les contours de la classification envisageable.

L'action des politiques n'est finalement qu'une gigantesque fraude : une publicité mensongère relayée par des pratiques déloyales voire agressives pour promulguer des lois trompeuses ou à caractère abusif.

Tel un fabricant annonçant un nouveau produit bien avant son lancement pour faire patienter le consommateur, un candidat cherche à dévoiler très tôt ses intentions pré-électorales. Ce dernier réserve ses annonces aux médias, ravis d'agiter les esprits en période de grand calme. Sa principale promesse est d'une navrante banalité : redonner au peuple un nouvel espoir que les autres élus, y compris ceux de son propre parti, se refusent à insuffler alors que la nation toute entière crie sa détresse face à la crise qui s'éternise.

Notre candidat se construit une image par des allégations, fausses et induisant en erreur les citoyens. La parfaite définition d'une publicité mensongère. Pas un seul journaliste n'osera objecter, chiffres à l'appui, que le prétendu sauveur de la nation a déjà honteusement échoué dans le redressement du pays. Prenons le cas du Parti Socialiste, ayant ruiné la compétitivité de la France avec des mesures d'une affligeante débilité et contraires au droit : nationalisations, durée légale du travail effectif à 35 heures par semaine, retraite à soixante ans, déplafonnement des charges sociales, impôt sur la fortune, taux confiscatoires d'imposition …

Écouterions-nous un fabricant annoncer fièrement l'arrivée dans deux ans d'un nouveau modèle, copie conforme d'un article dont les graves vices de conception ont suscité l'indignation générale ? Qui est le vrai responsable d'une telle fraude ? Le journaliste incapable de diriger le débat ou le candidat atteint de paraphrénie confabulante, une psychose dont souffrent les élus ? Cette affectation, encore peu connue des instituts d'études politiques, se caractérise par un délire imaginatif dont les thèmes s'enchaînent à travers des récits et des promesses, créant une confusion permanente entre faits plausibles et fictions.

Puisque la loi française protège les malades mentaux, on ne peut décemment pas blâmer ou condamner un candidat socialiste qui hallucine, en prétendant que sa future nomination à la tête du pays, un thème de grandeur, est la conclusion logique du dynamisme de son parti, une fiction, dans un contexte de défiance électorale générale, le fait plausible.

Le fautif n'est pas le maillon psychologiquement faible mais le journaliste dont la condescendance malhonnête laisse prospérer un délire que la confusion permanente entre utopie et réalité ne permet pas de contenir et encore moins de dénoncer. Mais finies les vagues intentions des candidats ; la perversité monte alors d'un cran avec l'usage de promesses électorales déloyales.

Aucune législation ne prohibant la diffusion d'annonces démagogiques, la désinformation électorale atteint alors son paroxysme. En 1981 et 2007, les scrutins présidentiels fourmillèrent d'engagements pris par des candidats emportés par leur paraphrénie confabulante. Deux inepties ressortent du lot : les nationalisations et le crédit impôt environnement.

Au moment où l'économie mondiale commençait à se globaliser, François Mitterrand inscrivit en 1981 l'étatisation des grands groupes français dans son programme de campagne, un engagement d'une rare bêtise socio-économique. Au lieu de s'ouvrir sur les marchés internationaux, l'économie se recroquevilla sur elle-même, ratant ainsi la révolution du numérique, les opportunités offertes par les économies émergentes et la privatisation des services publics.

La loi du 11 février 1982 déclencha une large vague de nationalisations qui ont mis au tapis l'industrie française ! Sur les six groupes industriels créés par de gouvernement de Pierre Maurois, seul Saint-Gobain a survécu. En ce qui concerne les banques et institutions financières, il s'agit d'un véritable carnage : 36 établissements sur 41 ont mordu la poussière. Ce gâchis économique dont la France ne se relèvera jamais trouve son origine dans une annonce démagogique en faveur d'une formation minoritaire, le Parti Communiste Français.

Dire qu'une telle catastrophe aurait dû ne jamais survenir, si l'engagement du candidat Mitterrand avait été jugé contraire aux droits de la république pendant la campagne électorale. La bataille constitutionnelle engagée par la Droite pour faire interdire une telle initiative ressemblait à l'arrivée tardive de la cavalerie dans un western spaghetti ; geste plein de panache mais d'une affligeante loufoquerie car en 1946 la constitution française avait déjà été dénaturée pour sceller une alliance contre-nature entre le MRP, le Parti Communiste et la SFIO.

En réalité, la nationalisation des grandes entreprises françaises n'avait aucun fondement légal. Elle est pourtant conforme au honteux principe d'étatisation promulgué dans le préambule de la constitution de 1946 en ces termes : « *tout bien, toute entreprise, dont l'exploitation a ou acquiert les caractères d'un service public national ou d'un monopole de fait, doit devenir la propriété de la collectivité* ». Par contre, elle viole l'article 17 de la Déclaration des Droits de l'Homme et du Citoyen : « *la propriété étant un droit inviolable et sacré, nul ne peut en être privé, si ce n'est lorsque la nécessité publique, légalement constatée, l'exige évidemment, et sous la condition d'une juste et préalable indemnité* ». Concept beaucoup trop imprécis, la notion de nécessité économique publique n'a déjà même pas sa place dans une constitution car elle est légalement indémontrable, surtout en période de paix.

Pour les communistes, toute entreprise s'apparente à un organisme étatique. Les libéraux rejettent ce raisonnement au prétexte que le secteur privé sait subvenir aux besoins de la population. En outre, un monopole ne sert nullement les intérêts d'un pays ; sa nationalisation ne ferait qu'entériner une situation prohibée par le droit de la concurrence. Le caractère pervers des fausses majorités, que nous dénoncions auparavant, saute aux yeux ; la république française a été soviétisée aux seules fins d'octroyer le pouvoir à une coalition mort-née sans la participation des communistes. Ceux-ci appartiennent pourtant à un parti nullement recommandable et dont l'idéologie, responsable des pires génocides durant le vingtième siècle, maintient encore aujourd'hui un quart de la population mondiale sous la dictature du monopartisme.

Dans le viseur du chasseur de manipulations électorales, l'élection présidentielle de 2007 est un gibier hors norme, vu les innombrables engagements pris par l'Union pour la Majorité Présidentielle (UMP). L'un d'entre eux annonçait vertement la création d'un *« crédit d'impôt environnement »*, un dispositif incitant les ménages et les entreprises à investir dans la recherche, la formation ainsi que les équipements réduisant la consommation et faisant appel aux énergies renouvelables. Il convient de préciser que le terme *« crédit de taxe »* semble plus judicieux puisqu'un impôt ne fait pas l'objet d'une affectation particulière.

Une taxe environnementale, quant à elle, destine bien l'argent pris aux pollueurs pour le redistribuer aux citoyens vertueux, écologiquement parlant, ou réparer les effets destructeurs de la pollution. L'utilisation du mot approprié ne consolera pas le contribuable très contrarié par un premier constat : l'avantage s'obtient quel que soit l'usage qui est fait de l'équipement incriminé. Examinons le cas d'une voiture dont l'émission en gaz carbonique se situe très au-dessus de la moyenne du marché. Son acheteur, amateur de grosses cylindrées mais petit rouleur des mécaniques, conduit dix fois moins que l'acquéreur d'une automobile avec le meilleur label énergétique.

En sept ans, la durée moyenne de possession d'un véhicule, le conducteur ayant reçu un bonus écologique aura toutefois émis beaucoup plus de gaz à effet de serre que son homologue peu présent sur le réseau routier. Il aurait été plus judicieux de taxer uniquement l'énergie fossile nuisant à l'environnement et de s'assurer que les sommes collectées soient bien allouées à l'écologie, ce qui n'est nullement le cas.

Seconde évidence tout aussi contrariante, le « *crédit d'impôt environnement* » crée une nouvelle imposition, en sus de la Taxe à la Valeur Ajoutée (TVA), sur les équipements consommant les énergies non renouvelables. Elle nuit donc au pouvoir d'achat et dégrade inévitablement la création d'emplois.

Une autre réalité se fait ainsi jour : la concurrence entre les formations politiques enfante des promesses déloyales que la désinformation se borne à relayer auprès de l'opinion. Une taxe écologique s'imagine non seulement pour séduire les électeurs mais également avec le malin plaisir de couper l'herbe sous le pied de ces partis dont l'environnement incarne le cheval de labour.

La rivalité électorale est la principale cause de la déconfiture des finances publiques dans les démocraties. Elle induit des pratiques déloyales, agressives, abusives et qui altèrent totalement le comportement des citoyens, devenus inattentifs à la faisabilité des promesses électorales. Ceux-ci votent par habitude pour le parti le plus généreux sans s'alarmer des revenus que requiert la réalisation des engagements annoncés. Ils se raccrochent à l'espoir de la redistribution des richesses ; une désillusion empirant chaque année avec la préoccupante disparition des classes moyennes, la fuite des grandes fortunes vers les pays fiscalement plus attractifs et l'accumulation des déficits publics.

Le caractère plus ou moins déloyal d'une promesse électorale s'apprécie en analysant la vulnérabilité et la crédulité des citoyens ciblés par les élus. La démagogie est évidemment friande de ces électeurs dont le discernement est sensiblement diminué par leur éducation et leur âge.

Besoin d'un exemple en la matière ! Aucune difficulté ! En parfait illusionniste, le Parti Socialiste a promis la retraite à soixante ans dans sa campagne présidentielle de 1981, escamotant d'un coup de baguette magique les deux contraintes qui rendaient une telle avancée sociale impossible à financer : l'allongement parfaitement prévisible de l'espérance de vie et la nécessaire réduction des prélèvements obligatoires afin que la France puisse rester compétitive face aux économies émergentes.

En exploitant la naïveté des travailleurs occupant les emplois les moins qualifiés et les plus pénibles, le Parti Socialiste s'est attiré les sympathies d'un électorat, indispensable à la conquête du pouvoir, mais condamné en remerciement, à recevoir des rentes ridicules. Moralité de l'histoire, une promesse électorale déloyale laisse toujours une cruelle ardoise à ces catégories sociales qui, déniant leur manque de compétitivité, comptent sur les formations politiques et les syndicats pour réclamer des avantages que leurs qualifications ne légitiment plus.

Pour mieux défendre les acquis, la démagogie électorale se radicalise : les promesses électorales deviennent de plus en plus agressives. Les électeurs sont très fréquemment sollicités ; sondages et manifestations se succèdent à un rythme soutenu afin d'exercer sur eux une pression morale préparant le terrain aux annonces des élus.

L'exemple des retraites illustre cette démarche abusive qui altère de manière significative la liberté de choix. La main sur le cœur, chaque candidat à une élection présidentielle ou législative française jure qu'il ne touchera jamais au système par répartition dont on est pourtant en droit de questionner le bien-fondé et la pérennité. Aucun épargnant sensé n'effectuerait un placement dans une banque libre de détourner le principal et les intérêts des sommes confiées. Imaginons son émoi de fourmi en découvrant que son pécule a été généreusement distribué à des cigales syndicales qui, se retrouvant dépourvues d'adhérents et sans le sou, se sont accaparées les moyens d'assurer leur existence.

En France, les partenaires sociaux ne s'embarrassent d'aucune morale en matière de placements puisqu'ils font la promotion d'un dispositif qui s'apparente au casse du siècle. Confiant que sans répartition point de salut, les citoyens cotisent pendant plus de quarante ans en ignorant le rendement des sommes qu'ils ont versées. Ils se contentent d'implorer les dieux d'assurer leur survie lorsque surviendra l'âge de la retraite au lieu d'estimer ce qui leur reviendrait s'ils avaient investi dans un régime par capitalisation. Attardons-nous un instant sur un cas d'école : un salarié peu qualifié économiserait 10 % de sa rémunération brute pendant quarante-cinq ans pour financer sa retraite. Sur la base d'un salaire mensuel net de 1.000 euros, celui-ci épargnerait donc 1.200 euros par an.

De quel capital, en euros constants, disposerait cet employé si un fond de pension lui proposait un taux annuel à 5 % avec une garantie de l'État protégeant son placement ? Réponse, quelques 200.000 euros ; soit de quoi finir ses vieux jours avec un taux de remplacement atteignant 100 % de son dernier salaire.

Aujourd'hui, dans un système par répartition, le même employé du privé ayant travaillé quatre décennies pourra espérer un taux de remplacement d'environ 60 % de son dernier salaire en euros constants. Il n'y a donc pas photo ; la répartition est un vol qualifié dont les politiques et les syndicats se font l'avocat pour une raison particulièrement révoltante : leur survie financière.

Les caisses de retraite françaises sont en quelque sorte les banques privées des syndicats. En 2000, un rapport de l'Inspection Générale des Affaires Sociales dénonçait des pratiques qui, dans le secteur privé, enverraient directement leurs auteurs en correctionnelle pour abus de biens sociaux. La Caisse de Retraite Inter-entreprises s'est faite épinglée cette année-là, dans un silence médiatique édifiant. Pourtant les délits évoqués valaient largement les excès des stars de l'arnaque : une gestion opaque, des rémunérations et notes de frais mirobolantes pour les dirigeants, des dizaines de millions d'euros en salaires fictifs au profit des partenaires sociaux. Bref, une razzia qu'Ali Baba et ses 40 voleurs auraient célébrée avec une fantasia en l'honneur du bakchich syndical.

Les politiques sont également les grands bénéficiaires d'un système de retraite par répartition fournissant des rentes maigrichonnes aux citoyens, dès lors contraints de se tourner vers les produits d'épargne complémentaire. Pour offrir aux futurs retraités des investissements à long terme et plutôt sécurisés, les banques sont obligées de placer sur le marché les titres émis par les institutions offrant les meilleures garanties.

L'État français, dont le déficit récurrent entraîne une recherche permanente de liquidités, répond présent et emprunte sans retenue, une pratique qui ne semble pas préoccuper les agences de notation. Première observation, si le trésor public était un gestionnaire avisé, il pourrait délaisser les banques ; les caisses de retraite pouvant très bien lui procurer l'argent nécessaire aux investissements dans les infrastructures publiques.

Mais en vue d'assister leur électorat, les hommes politiques poussent l'administration à dépenser sans compter et pressent les grands argentiers d'acheter de la dette qui sera vite convertie en placements plutôt sécurisés. Cette attirance mutuelle s'est transformée en une collusion destructrice qui lamine l'économie ; pour placer leurs emprunts sur les marchés financiers, les pouvoirs publics, en contrepartie, ferment les yeux sur les fonds spéculatifs, les agios et autres frais bancaires.

Peu d'améliorations sont à espérer car le contribuable paie l'inconscience des politiques. Premier écot d'une limpide évidence : régler les intérêts de la dette publique avec ses impôts sur le revenu. Second tribut : acquitter les droits d'entrée d'environ 3 % et les commissions annuelles de gestion autour de 1 % en investissant dans des placements sécurisés concoctés par les banques. Et pour couronner le tout, une ultime ponction : des frais bancaires exorbitants dont le produit renflouera les institutions financières qui se prennent régulièrement les pieds dans le tapis rouge des mécanismes spéculatifs.

Les formations politiques ont besoin de porte-pancartes pour maintenir la pression sur l'opinion publique. Les syndicats, qui jouent gros dans le maintien du régime de retraite par répartition, accomplissent cette basse besogne quelle que soit la couleur du parti au pouvoir. S'il est compréhensible que la Gauche française s'entende comme larron en foire avec les partenaires sociaux pour perpétuer une gigantesque fraude à la retraite, la lâcheté de la Droite à pérenniser un régime moribond s'avère inconcevable.

Le manque de courage des formations libérales est inexcusable car les solutions existent pour créer un système équitable. Examinons le cas des fonctionnaires qui disposent actuellement d'un système de retraite à prestation définie mais sous-financé.

Rien n'empêche les caisses de retraite de recalculer les cotisations qu'auraient dû verser les fonctionnaires, si l'on appliquait les taux utilisés dans le privé. Sur ces bases, on pourrait valoriser équitablement les pensions en refusant que l'État utilise dans la fonction publique un taux de remplacement s'élevant à 75 % des six derniers salaires ; une pratique ruineuse et, ironie du mauvais sort, financée par les contribuables. Ces derniers, dont on retient les cotisations retraite sur le salaire durant toute leur carrière, paient avec leurs impôts les généreuses pensions des fonctionnaires, exempts de tels prélèvements. La reconstitution des retraites à partir des barèmes du privé devrait s'appliquer à toutes les catégories professionnelles qui n'ont pas ou très peu cotisé pour instaurer un régime national par capitalisation, équitable, transparent et maîtrisable.

Pour la retraite à soixante ans, la Gauche française a présenté habilement son projet, se gardant bien d'en détailler les modalités de financement. Lorsque leurs potions magiques sont inopérantes, les charlatans politiques se retranchent toujours derrière le devoir moral de soulager ceux qui souffrent, alors qu'en réalité seule leur importe la conquête du pouvoir. En diffusant des propositions plus que simplistes, les politiques, les syndicats et les médias esquivent à coup sûr les retours de flamme provoqués par une surchauffe du corps électoral.

À droite comme à gauche, les formations politiques tentent stérilement de réformer un modèle initial voué à l'échec car la répartition sur la base du travail est illusoire dans une société où le pourcentage des actifs décroît continuellement puisque la population vieillit. François Mitterrand et le Parti Socialiste ont sciemment fait voter des lois trompeuses pour instituer la retraite à soixante ans et s'emparer malhonnêtement du pouvoir.

En matière commerciale, la tromperie se définit comme la volonté de présenter frauduleusement la nature, la livraison et la jouissance de biens ou de services pour parvenir à un accord que l'on sait impossible à honorer. Dans le cas des retraites, la nature de la prestation était illusoire car seule la capitalisation garantissait un tel avantage social, introuvable dans les autres pays. La livraison des pensions ne pouvait s'effectuer étant donné le manque criant de financement. Pour conclure, la jouissance de la prestation dans le secteur privé était anéantie par l'inévitable augmentation de la pression fiscale, puisqu'il fallait payer les rentes de fonctionnaires n'ayant pas assez cotisé pour leurs vieux jours. Garantir la retraite à soixante est une tromperie, vanter la répartition pour régler les pensions constitue seulement une démarche abusive créant un déséquilibre significatif entre les droits et les obligations incombant aux différents acteurs concernés par les retraites.

Le futur retraité n'a pas le choix : au nom de la solidarité nationale, il doit obligatoirement cotiser à une caisse cogérée par les représentants du patronat et les syndicats. Sa crédulité est facilement abusée puisqu'il ne dispose d'aucune information fiable l'autorisant à comparer ce qu'il pourrait obtenir en investissant lui-même les montants prélevés sur son salaire et ce qu'il perçoit avec une retraite par répartition.

Que faire pour mettre fin aux promesses démagogiques entretenant l'obscurantisme dans le corps électoral ? Quelle est la meilleure des stratégies contre la désinformation ? Arrêter de lire, écouter et regarder pour priver les fautifs de leurs ressources commerciales ou publicitaires ! Une option alléchante mais illusoire ; l'État, les formations politiques et les syndicats soutiennent les médias manifestant à leur égard le plus de complaisance.

En France, les droits opposables font fureur : santé, éducation, logement, garde des enfants, prise en charge de la dépendance ; rien n'arrête l'imagination débordante des élus en période de crues électorales. Curieusement, tous les sujets de société sont bons à endosser sauf le fléau mondial de la désinformation. La situation est pourtant désespérée : les faits sont systématiquement tronqués, généralisés, commentés et travestis pour entretenir la dictature de l'émotion.

De nos jours, le citoyen est maintenu en état d'addiction permanente envers ses présentateurs et ses journalistes favoris ; la vérité attendra. Un droit opposable à l'information se fait donc vraiment désirer au pays de Marianne ; tout citoyen détenant une preuve contredisant les inepties colportées par les médias devrait pouvoir apporter un démenti dans les mêmes conditions d'intervention que celles utilisées pour abuser de l'opinion publique. Une duperie en « *prime time* » serait désavouée à une heure de très forte audience. On pourrait également envisager la création d'une chaîne nationale du Démenti Public dont l'accès serait réservé aux victimes de la désinformation.

Revenons sur ce candidat en précampagne et atteint de paraphrénie confabulante. En plein « Vingt Heures », le créneau télévisuel au service des pauvres gens à plaindre, du sans domicile fixe à l'élu mis en examen, l'invité manifeste son émoi devant l'odieuse réduction des effectifs dans l'Éducation Nationale, une si noble institution dont dépend la jeunesse pour assurer son avenir. Onze mille emplois sacrifiés sur l'autel de l'odieuse rentabilité capitaliste vont accroître les inégalités, en particulier chez ces enfants que les parents refusent d'éduquer. Mais, au fait, le système éducatif français n'est-il pas en situation de sureffectif par rapport aux autres pays ? Ne pourrait-on pas récupérer du personnel en réduisant les arrêts maladie et l'absentéisme dont les taux avoisinent le double de ceux du privé ?

Ces questions basiques épargneront l'esprit du journaleux cherchant avant tout à remercier un faux présidentiable de son apport à l'audimat. Par contre, elle interpellera un citoyen clairvoyant pour lequel une réduction des effectifs semble réaliste ; la France compte quatorze élèves par enseignant dans le secondaire, alors que plusieurs pays, leaders en matière d'éducation, enregistrent un ratio autour de vingt.

Vers quelle institution devrait donc s'adresser un citoyen désirant faire rapidement jouer son droit opposable à l'information ? Les tribunaux saturés à outrance, ne feraient que ralentir la sanction de la désinformation. Le Conseil de Surveillance de l'Audio-visuel (CSA) n'intervient pas dans le secteur de la presse écrite. Aveuglées par les causes qu'elles symbolisent, et qui leur rapportent pléthore de subventions dispensées par les institutions qu'elles vilipendent, les Organisations Non Gouvernementales (ONG) gèrent l'actualité avec la partialité caractérisant les dictatures d'idées.

Seul un Conseil Constitutionnel aux pouvoirs élargis et doté d'une autorité morale respectée par l'institution judiciaire, peut faire appliquer le droit à une information fiable, libre des manipulations bassement mercantiles ou politiciennes des médias. À condition d'apporter une preuve tangible, tout citoyen devrait pouvoir contraindre l'émetteur d'une information erronée à diffuser une demande de rectification publique sur un site internet ou une chaîne de télévision.

Si le diffuseur incriminé refuse d'admettre son erreur, le Conseil Constitutionnel est saisi et adresse une mise en demeure d'émettre le contredit. Hantés par les chiffres de l'audimat, les médias se feront alors un malin plaisir de ridiculiser leurs confrères indélicats ; une fois n'est pas coutume, la cupidité servira l'intérêt général. Ceux qui déforment l'information en amplifiant les rumeurs issues des caniveaux politiques subiront à juste titre la réprobation populaire.

Pour contrer le bluff permanent à la table du jeu électoral, il existe une autre riposte citoyenne : le vote à la majorité des deux tiers obligeant les élus à proposer des initiatives pour lesquelles se dégage un consensus significatif. Le système de la majorité simple est une insulte à la démocratie : 50 % des opinions exprimées plus une voix autorisent à dénier les aspirations de l'autre moitié des votants auxquels ne manque qu'un seul suffrage exprimé.

Le législateur a par ailleurs reconnu l'absurdité d'une telle pratique dans le secteur privé. Par exemple, les conseils d'administration sont tenus de voter en Assemblées Générales Extraordinaires les grandes décisions, comme la modification des statuts ou une augmentation de capital, à la majorité des deux tiers. Si tel est le cas, il serait logique d'utiliser une règle identique pour toutes les décisions augmentant la dépendance des électeurs envers l'État.

Incontestablement, les augmentations d'impôts créent une nouvelle obligation qu'il serait injuste d'imposer à la moitié de l'électorat qui en conteste le besoin. Également, les investissements, dont la période de financement dépasse largement la durée d'un mandant électoral, ne peuvent en aucun cas être décidés sur la base d'une majorité absolue. Si leur rentabilité s'avérait désastreuse, l'opposition arrivant au pouvoir serait alors contrainte d'accroître la fiscalité ; son image pâtirait injustement d'un choix qu'elle avait à l'origine très judicieusement refusé.

Il est tout aussi scandaleux de constater que les politiques ne sont pas tenus de laisser les finances publiques en bon état lorsque s'achèvent leurs mandats ; se contentant avec pure délectation d'abandonner des caisses vides à leurs successeurs. Dans le privé, les actionnaires assument les conséquences des stratégies prises par les dirigeants qu'ils ont nommés. Un changement d'équipe de direction ayant échoué dans sa mission s'accompagne souvent d'une recapitalisation qui sanctionne les investisseurs contraints de refinancer, diluer leur participation ou voir chuter les dividendes.

Les libéralités consenties par les assemblées nationales et les collectivités territoriales rentrent également dans la catégorie des décisions où le scrutin à la majorité simple est moralement inconcevable pour cause de clientélisme électoral.

Tels des malfrats blanchissant de l'argent sale, les politiques ont réussi à laver de tout soupçon l'achat des votes. Fatigués de recourir aux tournées dans les cafés, aux lettres de recommandation et aux petits boulots, ils ont inventé un mécanisme imparable pour s'attirer les bonnes grâces des électeurs : la subvention.

Les 36.000 communes françaises sont devenues les chantres de la distribution d'offrandes à ces innombrables associations sans lesquelles la vie sociale serait un calvaire. Au cours de l'année 2010, l'auteur de la « Démocrotte » est tombé par hasard sur un journal local rapportant, en première page, une augmentation de 9 % des impôts locaux dans une ville comptant environ 24.000 habitants. La municipalité incriminée avait réussi, par une gestion rigoureuse, à se maintenir sous la barre fatidique du « double chiffre », donc des dix points, un score très prisé des basketteurs mais apocalyptique pour un contribuable, qui avait déjà vu ses impôts locaux progresser de 15 % les deux années précédentes.

En complément d'un article rapportant l'émoi manifesté par l'opposition, figurait dans cette feuille de chou le détail des subventions accordées par le conseil municipal ; une liste de noms digne d'un cénotaphe édifié à la mémoire du clientélisme électoral. Au total, environ 100 associations se partageaient un petit million d'euros ; de quoi s'acheter quelques voix pour faire basculer une élection du bon côté.

Au Parlement européen, il existe un budget n'échappant jamais à la grande piraterie des aides, celui de la Politique Agricole Commune (PAC) dont la principale mission est de réguler les prix à travers une meilleure adéquation entre l'offre et la demande. Parmi les bénéficiaires de cette manne à onze milliards d'Euros en 2011, figurent trois grands noms de l'agriculture française : la Banque Alimentaire (trente millions d'euros), les Restos du Cœur (vingt millions d'euros), et le Secours Populaire (treize millions d'euros). Un idiot de village rural pourrait croire que ces trois associations sont subventionnées pour ouvrir de nouvelles cantines ou augmenter les portions servies ; ce qui éviterait la chute des prix sur le marché, si l'offre restait excédentaire.

À l'inverse, un électeur avisé flairera vite l'odeur du fumier électoral de Gauche, dont certains enfoirés profitent en chantant, car l'aide aux agriculteurs a été détournée pour subventionner indûment ces associations dont le financement repose sur leur capacité à dénoncer médiatiquement les riches et à promouvoir l'idéologie socialo-communiste.

On remarquera que les élus se refusent à bannir de telles offrandes, alors que la France ne peut déjà pas respecter les critères de Maastricht. La morale voudrait donc que celles-ci soient totalement exclues de la vie politique ; personne ne sachant vraiment ce qu'il advient exactement de l'argent versé.

L'utilité publique pourrait suggérer une approche moins radicale. La nation a besoin d'associations à but réellement non lucratif pour remplir ces missions qui n'ont pas un caractère régalien et que le secteur privé délaisse en raison d'une rentabilité insuffisante ou de réglementations excessives.

Toutefois, les subventions peuvent fausser le jeu de la concurrence. Par exemple un centre sportif, dont les seuls revenus proviennent des cotisations vendues, ne lutte pas à armes égales contre un concurrent subventionné. Mais, il existe des domaines où la compétition entre public et privé n'a aucune réalité économique. Un musée unique en son genre ne peut être considéré comme concurrent d'un autre car les œuvres qu'il détient ne se rencontrent nulle part ailleurs. Dans ce cas précis, une subvention qui servirait l'intérêt général est donc envisageable, une condition que le vote à la majorité des deux tiers conduit à garantir.

Élever le seuil de la majorité, du niveau simple aux deux tiers, résout l'épineux problème des délits électoraux que provoquent les promesses abusives ou trompeuses. À y regarder de près, les politiques ne sont finalement que de mauvais commerciaux vendant l'illusion de jours meilleurs. Aucune raison qu'ils ne puissent échapper aux sanctions réservées par le code de la consommation à ceux qui trompent, escroquent ou volent les citoyens.

Si le code électoral respectait toutes les lois protégeant les consommateurs, les promesses de campagne resteraient au stade embryonnaire de l'utopie chez les grands penseurs politiques. Un tel vide juridique est fort préjudiciable. Les citoyens se retrouvant en position de faiblesse chronique face aux élus, l'euphorie des scrutins entraîne les démocraties dans le chaos économique puis social le plus total.

La première partie de cet ouvrage avait ouvert la voie à la révolte citoyenne mais pacifique. Les électeurs peuvent s'opposer aux élections sans objet en refusant de voter lorsque l'appréciation objective des élus est irréalisable. Ils ont aussi la possibilité d'exiger un scrutin alternatif dont les seuils de représentativité seraient plus élevés. Ceci freinera les alliances malsaines entre des partis politiques dont le surnombre dissimule l'affligeante inutilité. Le droit opposable à l'information et le vote à la majorité des deux tiers constituent des armes redoutables pour étouffer ces promesses électorales qui sacrifient les générations futures.

Il est urgent d'agir car le refus de combattre la désillusion des scrutins aboutit à l'absence de démocratie. Lorsque, par dégoût des élus, les citoyens votent sans raison, deux types de mutations surviennent. Soit des groupuscules aux idées totalitaires exploitent la lâcheté d'une nation pour imposer une politique liberticide, soit les partis traditionnels accroissent leur pouvoir en dissimulant la réalité de leurs fiascos.

C'est cette seconde évolution qui, pour le moment, caractérise la vie politique française. Le management absentéiste entre alors dans une phase consistant à dissimuler la désillusion. Tout va être entrepris pour masquer la réalité socio-économique de la nation en ruine. En premier lieu, les bilans des politiques sont invariablement escamotés durant les débats électoraux. Les comparaisons avec les pays performants, beaucoup trop accablantes pour les élus, restent au placard des salles de rédaction. Il serait malvenu de tracasser les téléspectateurs, auditeurs et lecteurs avec d'odieuses vérités pendant leurs temps libre.

Une fois l'électeur bien calé dans le confortable fauteuil de l'abêtissement populaire, le grand guignol des personnalités politiques va pouvoir débuter. Surmédiatisés, ceux-ci vont se transformer en « *people* » que recherchent les très mauvaises séries de téléréalité. Yachts, grands couturiers, promenades à vélo, dégustations de produits régionaux, déballages publics de la vie privée et galas ; il y en a pour tous les goûts et toutes les sensibilités.

Mais attention, tel un consommateur capricieux, l'électeur est devenu un zappeur infidèle qu'il n'est pas facile de maintenir scotché à ses médias et ses élus préférés. Les politiques ont su toutefois répondre au désarroi d'une population sans cesse démarchée mais jamais satisfaite. Ils ont conçu un arsenal d'aides sociales magiques à réanimer un citoyen en état de mort clinique.

L'euphorie électorale a été placée en orbite à des altitudes inimaginables il y a cinquante ans lorsque les médias ne disposaient pas des technologies de masse pour abrutir la société. Comme nous le constaterons dans la seconde partie de la « Démocrotte », les formations politiques se sont encore surpassées pour orchestrer la dissimulation de la désillusion que ressent désormais la nation française, suite au pitoyable échec socio-économique de l'État providence.

Chapitre 4

Les bilans cachés

La conclusion du précédent chapitre avait levé un voile sur la teneur des pages à venir. Non contents d'avoir instauré une euphorie populaire abêtissante, les élus vont maintenant chercher à occulter l'accablant fiasco de leurs méthodes et promesses électorales. Pour y parvenir, ils utilisent une tactique dont ont abusé nos parents durant notre enfance : la dissimulation de la vérité derrière le paravent que constitue le privilège de l'autorité. Par exemple, ceux-ci protégeaient la réputation de leur chambre, un véritable no man's land. Toute question relative aux grincements de sommiers qui perturbaient notre sommeil recevait une réponse affligeante du type : *« retourne te coucher »*.

Les élus ne se contentent pas d'étancher notre soif électorale, ils abusent de leur statut pour neutraliser notre velléité à comprendre leurs bilans. Les progrès de l'audio-visuel numérique facilitent une telle tactique qui profite également de deux autres procédés peu connus du grand public car développés par l'industrie aéronautique militaire : la furtivité et le leurrage. Le premier sert à esquiver les moyens de détection tandis que le second s'utilise pour renvoyer de fausses informations vers ceux qui cherchent à repérer la vérité.

Dans le domaine de la furtivité, les électeurs français ont été royalement servis puisque la classe politique se comporte en véritable noblesse, comblant ainsi le vide laissé par l'aristocratie de sang, massacrée sans pitié lors de la révolution de 1789. Incompatibles avec une image populaire, les noms à particules ont disparu mais demeurent les châteaux et hôtels particuliers, maintenant propriétés de l'État, où il fait bon vivre entourés de serfs, rebaptisés contribuables au nom de l'égalité des classes.

L'exercice du pouvoir apprécie particulièrement l'altitude. Plus le personnage est haut placé, plus la détection de son bilan devient illusoire car il se retrouve hors de portée des médias, ces antennes dont la laideur défigure le paysage électoral. Même si le satellite a supplanté le radar, et la télévision la presse écrite, les élus ont su préserver leurs vieilles recettes d'antan d'une redoutable efficacité.

Il serait inéquitable d'établir un palmarès complet de tous les présidents de la cinquième république qui ont su habilement échapper aux enquêtes médiatiques et judiciaires. Mais comment ne pas positionner François Mitterrand en tête de liste ? Sa méthode rudimentaire, voire frustre, s'inspirait de la tactique des U2 américains qui, bien que détectés par les radars soviétiques, volaient hors de portée des missiles ennemis dans les années cinquante.

Les socialistes, moins bêtes et bornés que leurs alliés communistes, avaient compris que l'altitude très élevée des avions de l'oncle Sam, et non les moyens de détection disponibles à cette époque, expliquait l'échec frustrant de l'Union Soviétique.

Soucieux de préserver un bilan septennal vierge de toute critique, François Mitterrand avait en 1988 habilement déclaré sa candidature au tout dernier moment, un mois avant le premier tour de l'élection présidentielle, sachant pertinemment qu'une courte campagne limiterait le nombre des débats. L'armée de l'air a dû apprécier cette stratégie consistant à faire la nique aux tactiques de surveillance ennemie. Les démocrates français ont quant à eux ressenti un dégoût incrédule, celui d'appartenir à un pays, donneur universel de leçons de civisme au monde entier, mais se refusant à organiser une saine confrontation avec un président au bilan exécrable.

Craignant la moquerie des démocraties anglo-saxonnes devant l'absence de débat, François Mitterrand se résigna à en découdre avec son adversaire entre les deux tours requis lors d'une élection présidentielle française. Retenus pour animer le débat, les animateurs de la télévision publique dégageaient l'incroyable énergie de deux robinets d'eau tiède, espérant obtenir une nomination gratifiante après l'élection.

Tout en répondant à des questions honteusement futiles étant donné la pitoyable situation de la France en 1988, François Mitterrand prit suffisamment de hauteur pour se mettre hors de portée de Jacques Chirac. Pendant toute l'émission, ce dernier fut traité comme un vulgaire manant, cantonné dans le rôle désuet de premier ministre. L'élection était pliée ! Les téléspectateurs n'ont rien retenu de cette émission, si ce n'est un affrontement divertissant entre Dom Juan et Sganarelle. Du grand guignol qui a ravi le bon peuple dès lors indifférent aux résultats accablants d'un président en exercice.

La technique de la furtivité par l'altitude extrême est toutefois réservée aux candidats dont les sympathisants contrôlent les moyens de détection. François Mitterrand pouvait débattre en toute quiétude car les chaînes de télévision, noyautées par les syndicats et les journalistes de Gauche, avaient la dérisoire puissance des missiles soviétiques dont nous avons précédemment moqué l'inefficacité.

Dépourvus d'influence sur l'audio-visuel, bon nombre d'élus français ont conçu des techniques furtives plus sophistiquées. L'une d'entre elles dévie automatiquement les moyens de repérage ; les faisceaux des investigations glissent sur la surface parfaitement lisse des bilans qui deviennent indécelables.

Depuis cinquante ans, la France est défigurée par sa politique d'urbanisme dont les inadmissibles insuffisances ont démultiplié les ghettos de toute nature, taille et finalité. Du simple campement sauvage dans une forêt domaniale à la banlieue intégralement sinistrée, ceux-ci partagent un dénominateur commun : aucun électeur ne peut établir l'identité des responsables. Pas un nom ou un visage à se mettre sous la dent lorsqu'il s'agit de dénoncer l'insupportable. Et pour cause ! Les élus ont habilement légiféré afin qu'aucun délit ne puisse leur causer le moindre préjudice. Ainsi, la recherche de la vérité n'aboutit jamais ; les visages sont masqués par des pastilles et les identités absentes des supports d'information.

Les violences urbaines forment la partie visible de l'iceberg ; sous la ligne de flottaison, se cache leur vraie cause : un urbanisme massacré par la cupidité et l'incompétence notoire des élus. Un aménagement du territoire calamiteux condamne toute une frange de la population qui ne pourra jamais s'intégrer dans une société laïque, respectueuse des droits universels. Rien ne doit se savoir. L'électeur est invité à croire que les politiques urbaines successives de la Droite et la Gauche sont un franc succès. Les faisceaux de la vérité vont à peine effleurer l'identité d'un délinquant pris en flagrant délit. La télévision en dissimulera le visage et en déformera la voix, masquant ainsi l'impitoyable réalité : environ trois quarts des personnes emprisonnées ont vécu dans un urbanisme sous-développé ou saccagé.

Ne jetons pas la caillasse aux délinquants, sans toutefois pardonner leur caractère irresponsable et parfois barbare. Les vrais coupables sont les conseillers municipaux qui ont autorisé la construction d'ignobles cages à lapins pour s'offrir puis fidéliser une base électorale. Pendant que s'érigeaient d'hideuses barres d'habitations, aucune chaîne de télévision, aucune association, aucune formation politique n'a eu le courage de clouer au pilori ces maires et architectes coupables d'un désastre socio-écologique dont le coût va s'avérer cataclysmique pour la France qui mettra un siècle à s'en remettre.

En l'absence de bilan, le massacre écologique perdure. Aujourd'hui, les promoteurs du Grand Paris annoncent fièrement leur volonté d'accroître la population dans une région hyper saturée. Vu l'urbanisation calamiteuse de l'Ile-de-France, il faudrait plutôt raser la majorité des édifices puis reconstruire avec des normes écologiques bien plus modernes.

En matière d'urbanisme, les partis politiques sont tout aussi irresponsables que les rapaces de la finance dont on vante les prouesses en période euphorique et qui, nullement gênés, laissent la nation régler l'addition lorsque survient les krachs boursiers. Les labels du type Ville Fleurie ou Pavillon Bleu enorgueillissent les villes françaises dont l'autosatisfaction n'est jamais tempérée par un palmarès des pires communes.

Par souci d'équité, la vindicte réservée aux établissements financiers et aux patrons cupides devrait s'étendre à la classe politique sur tout le territoire national. Aux États-Unis, la cérémonie des Oscars s'accompagne d'autres célébrations en hommage à ces somptueux navets qui illuminent nos écrans. Quel dommage que, chaque année, on ne puisse élire les pires villes en matière d'urbanisme sur la base de critères fréquemment dénoncés par les citoyens : plans insensés d'occupation des sols, laideurs des constructions, niveaux intolérables de pollution, absence de stationnement... Parions que si ces hit-parades de l'incurie municipale étaient régulièrement diffusés ou publiés, les responsables de la France défigurée raseraient les murs de leurs odieuses créations.

En matière de délinquance et d'urbanisme, la forme du bilan est si lisse que les dangereux faisceaux inquisitoires glissent sans jamais détecter la moindre vérité. Un tel procédé, comme celui de l'altitude extrême déjà évoqué, démontre vite ses limites dans une société où règne la surenchère médiatique.

Lorsque, par besoin mercantile de fidéliser ou d'accroître leur audience, les médias refusent l'omerta inhérente à la furtivité, les formations politiques savent innover en enrobant leurs bilans d'un vernis hautement protecteur qui dévient les investigations afin que celles-ci n'atteignent jamais leur cible.

Il devient alors nécessaire d'utiliser un revêtement anéchoïque s'appliquant aux objets dont la géométrie ou la forme ne suffisent pas à les rendre totalement indétectables. Les attaques électorales ennemies rebondissent ainsi sur une couche réflective et se perdent dans l'espace sidéral de la désinformation.

Revenons sur le cas de la délinquance. Face à un délit prometteur, concurrence oblige, la télévision, la radio et la presse rivalisent une fois n'est pas coutume de probité et dévoilent l'identité du ou des coupables. La découverte de la responsabilité devient possible, une situation dangereusement inacceptable pour les élus dont la politique urbaine est enfin jugée à sa vraie valeur. Ceux-ci vont donc enrober l'événement dans un discours composé de trois couches bien distinctes.

En premier lieu, s'étale la condition de défavorisé du délinquant, destinée à créer cet indispensable sentiment de pitié envers un être remarquable, ayant enfreint la loi par la faute d'une société impitoyablement injuste. Ses parents l'ont abandonné à son triste sort dans une jungle urbaine où la vente de drogues est plus rémunératrice que le travail. Dans ces circonstances, hors de question de vilipender un quelconque coupable, et encore moins les maires, promoteurs et architectes qui ont laissé s'installer l'insécurité par la faute d'un urbanisme désastreux. La déviation est immédiate et le responsable bénéficie de l'enviable statut de victime.

Une telle duperie est d'une longévité précaire lorsque les électeurs font de la résistance. Ceux-ci cherchent à comprendre pourquoi la délinquance concerne des citoyens socialement désintégrés par une politique absurde d'immigration. La menace sur leur réputation se précisant, les élus vont rajouter une autre couche anéchoïque pour dissimuler d'avantage leur incurie. L'argument bien-pensant du racisme viscéral contraint dès lors l'opinion publique à ne point retirer de conclusion hâtive quant aux actes commis.

Le citoyen, assez téméraire pour s'inquiéter de l'impact du regroupement familial sur l'insécurité, se voit aussitôt reprocher sa xénophobie aveuglante. Celui qui dénonce devient la cible des élus, ravis de voir la médiatisation de leurs effroyables bilans rebondir vers leurs accusateurs. Suite à l'application de cette seconde couche réflective, le délinquant conserve ainsi son enviable statut de victime mais, en prime, transfère sa culpabilité vers ses détracteurs.

De manière trop épisodique, un élu se fait épingler pour avoir détourné des sommes destinées aux plus défavorisés. Il ne peut décemment répercuter sa faute sur quiconque. L'usure de la prévarication ayant effrité les deux premiers revêtements, et les votes des électeurs par la même occasion, une troisième couche, à la dureté de la céramique utilisée sur les navettes spatiales, se révèle alors indispensable pour un atterrissage en douceur.

Dénommée querelle politicienne, cette ultime protection fait figure de must en matière de furtivité, une prouesse que nous envient les meilleurs généraux américains. Oui, et alors l'élu a dérobé l'argent du contribuable au profit de sa campagne électorale, mais uniquement pour faire barrage aux menaces des ennemis de la république, en tête desquels figure le Front National, un épouvantail usé jusqu'à la paille. Rien de turpide dans tout ceci, les sommes ont été soustraites pour éviter que de pauvres brebis égarées ne tombent dans la gueule du grand méchant loup extrémiste.

Cette troisième couche réflective offre une protection exceptionnelle lorsque les faisceaux des investigations se concentrent sur des scandales que les partis politiques veulent étouffer à tout prix. Son usage reste toutefois le privilège des élites électorales, ces formations capables de couper court à tout débat sur une affaire explosive. La mouche de la honte change alors d'âne à grands coups de déclarations fracassantes dont le bourdonnement intense couvre les clameurs indignées des moralistes.

Attention, la technique de la parade anéchoïque a elle aussi ses limites ! L'impact d'une investigation sur un bilan laisse toujours des traces, ces fameuses signatures, non pas radars mais juridiques, que les juges d'instructions peinent à identifier en s'intéressant aux opérations financières de nos très et trop chers représentants du peuple.

Les élus, conscients du danger que provoquent les risques résiduels, se sont rendus à l'évidence : seul un bilan absorbant intégralement la recherche de la vérité peut les mettre définitivement à l'abri. Aussitôt pensé, aussitôt conçu, l'essuie-tout électoral a été inventé afin d'effacer les inévitables traces causées par l'application des couches anéchoïques. Son principe de fonctionnement est enfantin ; les partis politiques démontrent un tel niveau d'autosatisfaction que les citoyens et les médias gobent l'intolérable réalité sans broncher.

La loi sur la clarification du financement des activités politiques, votée en 1990 pour amnistier les élus auteurs de détournements de fonds, a créé le modèle d'absorbeur le plus abouti dans une pseudo-démocratie. Les socialistes ont clamé si haut et fort leur volonté de moraliser la vie électorale que les électeurs, bluffés par le caractère inhabituellement propre de cette initiative, n'ont pas cherché à en comprendre la vraie motivation : absoudre ceux qui avaient détourné plusieurs milliards d'euros depuis les années cinquante en s'acoquinant avec des promoteurs immobiliers véreux.

En un tour de main, le comptoir des turpides fut essuyé et brilla de mille feux, aveuglant ainsi la perspicacité des citoyens. La Droite, alors dans l'opposition, dénonça du bout des lèvres une mesure destinée, selon elle, à protéger les dirigeants socialistes mais qui lui convenait parfaitement.

Aucune manifestation d'envergure ne fut organisée pour s'opposer à une initiative toute aussi inconstitutionnelle et honteuse que la suppression de l'école libre, mesure retirée par la Gauche suite à la mobilisation générale des démocrates français.

Le problème de la délinquance, générée par un urbanisme apocalyptique, n'a donc jamais été détecté puis résolu puisque la panoplie complète de la furtivité lui a été réservée étant donné les effets dévastateurs qu'aurait fait peser la recherche de la vérité sur la classe politique. La nation tout entière est la grande perdante de ces pratiques dignes des anciennes républiques soviétiques qui se sont effondrées, comme le fera la France, pour avoir dissimulé le véritable et épouvantable bilan de leurs élus.

Un autre procédé de dissimulation s'avère par contre obligatoire lorsque l'objet du délit devient détectable à l'œil nu, la furtivité n'ayant dès lors plus aucune utilité. On parle alors de leurrage qui offre deux variantes, dont la première consiste en un mode préventif, car abaissant suffisamment la visibilité de la situation pour qu'aucune détection ne soit exploitable par les électeurs. Par exemple, le déficit budgétaire de l'État français n'a jamais suscité ni conflit ni débat, pendant les élections présidentielles et législatives depuis près de trente ans.

Les partis politiques n'avaient aucune raison de dénoncer une pratique irresponsable consistant à fidéliser leur électorat avec de généreuses subventions et allocations. Ils ont toujours employé quatre leurres de première qualité émotionnelle pour embrumer le paysage désastreux des finances publiques : l'insécurité, l'immigration, le chômage et les retraites. Facile à faire me direz-vous, car dans une société d'assistés, les acquis sont des causes nationales mobilisant rapidement ces hordes de manifestants qui, comme les champignons, ressortent à chaque orage social.

Comme le dit si bien le dicton en vogue dans le secteur de la construction « *quand le bâtiment va, tout va* » ; en politique « *quand l'assistanat va, tout va* » puisqu'il faut en permanence boucher les trous financiers et réparer les fissures de la société. La France a développé une industrie de l'assistance, qui s'attache à ne rien solutionner pour continuer à se rendre indispensable. La sécurité sociale a-t-elle résolu le problème de l'hygiène de vie des Français enclins à manger et boire trop ? Les allocations familiales ont-elles conduit les parents à mieux élever leurs enfants dans les valeurs de la république ? La retraite par répartition a-t-elle permis aux travailleurs de terminer leurs carrières avec une rémunération décente ? Les cotisations chômage ont-elles diminué la population des fainéants qui survivent avec l'aumône permanente des actifs ? Les sommes colossales englouties dans les plans banlieues ont-elles réduit l'insécurité ?

À chaque question, un non en or massif est inévitable car l'élimination de l'assistanat creuserait la tombe des profiteurs du système, en tête desquels caracolent les politiques et leurs alliés syndicaux. Le leurrage préventif concerne donc des préoccupations électorales qui restent sciemment insatisfaites mais suffisamment porteuses de faux espoirs pour faire oublier les dramatiques bilans électoraux. Mais attention, entretenir une espérance trompeuse s'avère inopérant lorsque certains francs-tireurs, en mal d'ambitions présidentielles, refusent le laisser-aller de la nation française.

En marge des partis solidement installés dans le paysage électoral, plusieurs candidats adoptent la stratégie du désespoir : annoncer l'impérieux besoin d'agir responsablement. En faisant ce choix, ils se condamnent à perdre les votes des assistés sociaux, pour lesquels le mot rigueur est barbare. Les citoyens dépités leur font parfois reprendre goût à la vie politique car un vote sanction réunit les fausses majorités dans un même panier de crabes. Un outsider est alors invité à venir bêtement secouer le cocotier, comme ce fut le cas lors de l'élection présidentielle de 2002.

Les grandes formations traditionnelles réagissent aux attaques des Don Quichotte de la cause perdue en utilisant le leurrage réactif. Elles émettent une imitation du bilan ardemment dénoncé dans les attaques politiciennes pour le rediriger vers une proie médiatiquement plus intéressante et sans incidence sur leur réputation.

« *Le déficit de la nation reste dans les limites de Masstricht et d'autres pays font pire que nous* » ! Les députés français utilisent régulièrement cette excuse bidon pour reconnaître, pudiquement et sans se démentir d'un éternel sourire, l'ampleur de la dette publique qui pèse sur les contribuables.

L'argument utilisé crée un leurre offrant une imitation quasi parfaite. Un déficit français ayant reçu une bénédiction internationale, à grands coups de goupillon de la Communauté Européenne, n'en est plus un puisqu'il a reçu une nouvelle légitimité politique. La vigilance des électeurs est ainsi détournée vers le bien-fondé européen des dettes étatiques. Objectif atteint ; les citoyens oublieront qu'au final ce sont eux et leurs descendants qui régleront l'ardoise sur laquelle les banques auront pris soin d'inscrire leurs faramineux agios et commissions.

Tout fêtard vous le dira, une bonne cuite se traite par l'alcool. Le même adage s'applique à la vie politique. Seule la transparence peut mettre fin à l'invisibilité des bilans électoraux honteusement obtenue par la furtivité et le leurrage. Depuis bien longtemps, rien ne devrait faire obstacle à une moralisation de la vie politique française. Les technologies ont assez progressé pour autoriser une diffusion rapide de ces informations garantissant l'égalité des citoyens devant la loi. Internet offre aujourd'hui l'opportunité d'y parvenir à moindre frais.

Plusieurs pays, comme le Canada et la Norvège sont très nettement en avance sur la France en ce qui concerne la probité politique ; ceci leur a permis de réduire sensiblement les dépenses publiques et d'équilibrer ainsi les comptes de la nation. Leur réussite se fonde sur un principe essentiel : l'État doit mesurer et publier le coût détaillé de chaque élu.

Il suffit à l'administration de dévoiler les mêmes informations dont ont besoin les médias pour exposer à la vindicte populaire les rémunérations des patrons les mieux payés ; une pratique qui contribue salutairement à dénoncer certains salaires affublant le capitalisme d'une image méritée de cupidité aggravée. Les journalistes jouent un rôle de censeur certes utile mais nullement exempt de tout reproche car leurs calculs de l'enrichissement personnel sont biaisés et leurs investigations sombrent dans la facilité, en se limitant pratiquement aux seules données publiées pour les sociétés cotées.

Dans une entreprise privée, l'ensemble des dépenses associées à l'activité d'un salarié sont comptabilisées : salaire brut, charges patronales, retraites complémentaires, stock-options, voiture de fonction... Les chiffres consolidés traduisent plutôt fidèlement la réalité, hormis les frais de réception dont les montants sont largement minorés au motif qu'ils découlent d'activités exercées au profit de l'entreprise.

Entre un manufacturier se battant chaque jour pour réduire ses coûts et une société où la médiatisation de l'excès fournit une arme marketing vitale pour développer les marques, c'est le jour et la nuit en frais de représentation. Un directeur d'usine encadrant plusieurs centaines d'employés se verra prélever sur sa paie la quote-part des repas pris à la cantine, tandis qu'un créateur dans le secteur du « *Luxe* » recevra un traitement « *Première classe* » lors de nombreuses réceptions, un avantage princier qui ne sera jamais comptabilisé.

Un pilier des événements mondains peut ainsi recevoir plusieurs milliers d'euros d'avantages en nature par an sans payer le moindre impôt. Faisons une rapide estimation pour un habitué des soirées très « *people* » mais intimistes ; pas plus de 500 personnes dans un cadre prestigieux où interviennent un traiteur remplaçant le râpé par du caviar, un disc-jockey aux platines blondes et une star dont l'image « *has been* » n'a pas pris une ride grâce à la chirurgie esthétique.

À vos calculettes, citoyens ! Un petit 100.000 euros pour la location de la salle, autant pour la restauration, breuvage compris, 20.000 pour la pseudo-célébrité et 30.000 pour le juke-box sur pattes. Déjà 250.000 euros au compteur et restent encore à régler la décoration, la sécurité et le parking adaptés à des enfants capricieux, détestant l'anonymat et le déjà-vu.

Au total, comptez 350.000 euros, un prix d'ami pour ces convives ravis de se retrouver en famille friquée. Finalement, un avantage en nature à 700 euros par tête de people tout de même. Un chiffre qui motive les pique-assiette à s'incruster dans ces soirées très sélectes dont les convives migrent tel des gnous en fonction des saisons.

Se limitant à une bonne teuf par semaine afin de parfaire sa garde-robe et son look, le parfait jet-setter recevrait plus de 36.000 euros par an, quatre fois le salaire net d'un smicard, tout en restant fiscalement incognito. Par souci d'égalité fiscale, l'adage anglo-saxon « *there is nothing such as a free lunch* », un repas gratuit n'existe pas, devrait figurer dans le code général des impôts.

Les représentants du peuple étant tenus de montrer l'exemple, l'ensemble de leurs dépenses, y compris les avantages en nature, doivent être fidèlement enregistrées et publiées. Comme évoqué plutôt, si chaque contribuable pouvait consulter sur internet le détail complet des frais qu'engendre un élu, il serait armé pour moraliser la vie politique ; au pays de la tentation électorale rien ne remplace la peur de l'opinion publique. À titre d'amuse-gueule, servi lors d'un cocktail au Palais Bourbon, tentons d'estimer la rétribution d'un député ayant exercé deux mandats ; une tâche mondaine qui n'a rien d'un pique-nique tellement la France apparaît sous-équipée pour suivre et rapporter les dépenses de ses élus.

Mensuellement, à l'indemnité parlementaire brute de base (5.700 euros), doivent s'ajouter un forfait pour les mandats locaux (2.700 euros), une indemnité représentative de frais de mandats (5.900 euros), un crédit pour la rémunération des collaborateurs (9.000 euros), en moyenne trois voyages en train ou en avion (600 euros), une vingtaine de repas (1.000 euros), les frais de courrier ou de télécommunication (1.200 euros). Des montants qui ne laisseraient pas insensibles certains chefs de petites et moyennes entreprises.

Soufflons quelque peu avant d'aborder plusieurs avantages différés que nous valoriserons pleinement à partir du scénario le plus favorable possible pour l'élu mais sans tenir compte de leurs valeurs futures malgré le fait que certaines sommes, comme la retraite, seront versées plusieurs années après la fin du mandat parlementaire.

Toujours sur une base mensuelle, un député se voit attribuer un fond spécial de sécurité sociale (150 euros), un régime de pension (4.800 euros) et une allocation d'aide au retour à l'emploi (250 euros). Les deux derniers montants indiqués ci-dessus donnent le coût des avantages sociaux que percevra un député, ayant siégé pendant dix ans à la chambre basse du parlement, après la fin de ses deux mandats. Au final, celui-ci aura reçu environ 500.000 euros par an de rémunération globale brute.

À la rétribution officielle des députés doivent s'ajouter les avantages provenant d'un nombre impressionnant de réjouissances où se construit une image médiatique : événements sportifs, festivals, inaugurations ... Mieux vaut résider en région parisienne, car entre le Stade de France, Roland Garros, Bercy et les défilés de mode, les privilèges sont nettement plus coquets qu'en province où les élus paradent lors de foires à bestiaux vous faisant vite sombrer dans la gnole d'honneur pseudo-mondaine.

Soyons plus royalistes que les seigneurs républicains et ne chipotons pas pour ces petits milliers d'euros en frais de réceptions, à condition bien entendu que la publication des dépenses parlementaires puisse s'effectuer en toute transparence. Les électeurs percevront avec effroi que 577 parlementaires se partagent annuellement quelques 350 millions d'euros afin de conduire leur pays à la ruine.

Si l'on devait utiliser une analogie, on dirait que la furtivité dissimule la forme des bilans alors que le leurrage en travestit le contenu. En publiant le détail des dépenses engagées par les élus, l'État décourage la dissimulation furtive et aide les électeurs à mieux appréhender la responsabilité des décideurs politiques. Cette tactique se révèle par contre inefficace face aux artifices que véhiculent les leurres pour une évidente raison : il devient impossible d'évaluer si les recettes de l'État ont été correctement affectées aux postes concernés.

Le cas des dépenses médicales va illustrer la méthode à utiliser pour circonscrire la création de faux bilans. Depuis la nuit des temps électoraux, la sécurité sociale française est sur le papier en déficit chronique et substantiel. Mais l'est-elle vraiment ? Reçoit-elle toutes les recettes qui devraient lui revenir ? Prend-elle uniquement à sa charge les prestations qui lui sont imputables ? Ce genre de questions trouve très rapidement une réponse dans une société privée. En est-il de même pour le secteur de la santé ? Eh bien pas du tout !

Tout d'abord, l'État devrait s'assurer que l'assurance-maladie rembourse uniquement les dépenses inhérentes à l'exercice d'une vie saine et normale. Procurer une couverture médicale, protégeant le citoyen des aléas du quotidien, ne signifie nullement prendre en charge les traitements qu'occasionnent par leur inconscience les fumeurs invétérés, les alcooliques anonymement chroniques et les sportifs casse-cou. Au-delà d'un certain niveau de risque raisonnable, une collectivité n'a pas à mutualiser la protection de ses membres.

La sommation des taxes pesant sur le tabac, près de dix milliards d'euros, les alcools, environ trois milliards et les produits pétroliers, pratiquement vingt-cinq milliards (données 2008), laisse le contribuable plus que dubitatif face à un régime d'assurance-maladie enregistrant trop souvent des déficits proches des dix milliards d'euros.

L'impôt n'est pourtant pas un prélèvement autorisant une caste à vivre somptueusement avec l'argent des autres. Il est donc scandaleux de constater que 33 % des impôts collectés pour le tabac, 13 % pour l'alcool et un splendide zéro pointé pour les produits pétroliers sont alloués directement à la santé. Si un tiers des rentrées fiscales, matraquant ces trois familles de produits, parvenaient à la sécurité sociale, son déficit ne serait plus qu'un lointain souvenir. Ceci prouve que les taxes sont détournées par l'État qui, au lieu de les affecter aux véritables risques que font courir les produits dangereux, assure le somptueux train de vie des élus et la survie des syndicats, dont l'implication dans la santé, la retraite et la prévoyance n'est pas le fruit véreux du hasard.

Le législateur serait aussi bien avisé d'allouer à l'assurance maladie le produit de la fiscalité sur les activités risquées dont les traitements médicaux s'avèrent fort coûteux. Par exemple, une taxe sur les licences et les forfaits servirait à régler les dépenses en cas d'accidents sportifs.

De nombreux pays scandinaves ou anglo-saxons proposent des taux minorés de cotisation aux citoyens observant les conseils et les contrôles dispensés par les organismes sanitaires. Une telle initiative semble on ne peut plus éthique et responsable ; un individu prenant soin de sa santé devrait contribuer dans une moindre proportion à l'effort financier requis pour mutualiser les risques.

Le bilan alarmiste de la sécurité sociale n'est finalement qu'un leurre légitimant l'intervention de l'État et des partenaires sociaux qui s'enrichissent sur le dos des patients. Ces derniers voient chaque année leurs remboursements diminuer tandis que les prix des prestations suivent une tendance exactement inverse car la population vieillit et les pratiques médicales demandent toujours plus de moyens sophistiqués.

Si toutes les taxes sur les produits et activités risqués étaient équitablement attribuées à la santé, comme elles le devraient, les taux de cotisations pesant sur le travail baisseraient fortement et la sécurité sociale pourrait être privatisée sans aucune difficulté. Mais voilà, la pérennité des syndicats et des partis politiques condamne le bons sens ! Ceux-ci, en manque cruel d'adhérents et de cotisations, détournent les prestations sociales pour renflouer leurs caisses, et ainsi financer au moment opportun les actions revendicatrices contre les réformes vitales que réclament les électeurs responsables.

Conclusion logique, le seul moyen de lutter contre le leurrage politique est l'obligation faite à l'État de publier un compte d'exploitation pour chaque taxe ou impôt qu'il impose. Combien rapporte le tabac et quel usage a-t-il été fait des prélèvements sur ce produit ? Les justifications à ces questions devraient pourvoir s'obtenir d'un seul clic en consultant un site internet.

Il faut reconnaître qu'à partir de 2001 la législation relative aux Lois de Finances a évolué dans la bonne direction en simplifiant la comptabilité publique qui privilégiait depuis 1959 le suivi détaillé des dépenses, consolidées en 750 chapitres, mais délaissait l'analyse de leur destination. Dorénavant, le budget de l'État regroupe environ trente missions autorisant une gestion plus responsable de l'affectation des charges. Une mission, à titre d'exemple « la Santé », réunit des programmes impliquant plusieurs ministères pour concourir à une politique bien définie.

Un programme regroupe les crédits nécessaires pour implémenter un ensemble cohérent d'actions servant une finalité d'intérêt général, confiées à même ministère et auxquelles sont associés des objectifs précis pouvant être évalués a posteriori. Par exemple, la « Santé publique et la prévention » forme l'un des quelques 150 programmes inscrits dans une loi de finances. Par rapport aux 750 chapitres budgétaires de la loi d'orientation en 1959, la simplification est en effet spectaculaire.

Mais tout reste à faire en matière de justification des bases et taux d'imposition. Dans la nouvelle loi d'orientation de 2001, on reconnaît le coup de patte d'une équipe parlementaire cherchant à mieux contrôler les dépenses publiques mais se refusant à véritablement justifier les prélèvements fiscaux.

Il est vrai que les instigateurs de cette réforme, tous deux socialistes, appartiennent à un parti politique ayant toujours été extrêmement généreux avec l'argent des autres. La loi organique de 2001 ne résout en rien la problématique de la justification fiscale. Elle se limite à mieux constater la destination des dépenses en respectant une logique de performance sans adresser l'unique question qui hante le contribuable : l'impôt ou la taxe et son taux de prélèvement sont-ils vraiment nécessaires ? Seule la publication d'un véritable compte d'exploitation autoriserait à comprendre la manière dont les recettes ont été affectées au bien-être de la collectivité.

Pendant un court moment, grillons quelques neurones, au lieu d'une cigarette, et repenchons-nous sur la nécessité des taxes sur le tabac dont le produit serait aujourd'hui alloué à une mission, par exemple *« la Santé »* et un programme, pourquoi pas *« la Santé et la prévention »*. On remarquera déjà que, dans la loi de finances actuelle, règne une certaine confusion entre mission et programme ; la similitude des deux concepts n'aide guère à mieux comprendre la finalité des dépenses.

À ce jour, les quelque 210 impôts et taxes qui matraquent le travail, les biens et les services sur le sol français ne font pas l'objet de missions spécifiques. Ceci est normal car la classe politique française s'est toujours refusée à répondre de ses décisions budgétaires, en privilégiant une approche inintelligible pour le commun des contribuables.

Si une mission « Tabac » figurait dans une loi de finances, un ensemble cohérent de programmes focalisés sur l'éducation, la prévention et les traitements pourraient être mis en œuvre puis suivis de manière transparente, avec comme unique finalité la diminution des maladies causées par le tabagisme actif ou passif.

Comme nous l'avions déjà évoqué avec les « *Elections sans objet* », seul le refus des citoyens de participer aux élections finira un jour par faire inscrire dans la constitution française le principe de la « *justification de l'imposition* », obligeant ainsi l'État à expliquer les taux de taxation. Une fois cette règle promulguée, le nombre des impôts et taxes se réduira à la vitesse de l'éclair. Dans le cas du tabac, deux scénarios sont envisageables : les fabricants prennent en charge les dépenses provoquées par la consommation de produits nocifs ou une taxe spécifique finance la prévention et le traitement médical des addictions.

Imposer la résolution du problème aux sociétés coupables semble on ne peut plus équitable car les consommateurs souscriraient obligatoirement à une assurance au moment de leurs achats. Les fabricants et distributeurs financeraient donc un fond d'indemnisation que le fumeur actionnerait en responsabilité puisqu'il ne peut se retourner contre une société en particulier, sauf à prouver que toute sa vie il n'a jamais changé de marque de tabac.

On pourrait alors argumenter qu'une taxe ne se justifie plus si les producteurs sont directement mis à contribution pour dédommager leurs victimes. Ce raisonnement n'est guère probant car certaines d'entre elles souffrent de pathologies provoquées par le tabagisme passif. Bien que n'ayant jamais fumé, et par conséquent cotisé à un fond d'indemnisation, certains patients vont engager des experts et des avocats pour se faire rembourser les frais médicaux, les arrêts de travail ou, pire encore, le dédommagement probable des descendants. L'État, dans l'obligation d'intervenir, se limitera cette fois-ci à défendre les droits des patients indirectement contaminés en instaurant un fond d'entraide, financé par une taxe. La loi de finances devrait donc inclure deux programmes distincts, l'expertise médicale et l'assistance juridique.

Le problème de la double imposition hante encore l'esprit d'un fumeur, mais non moins contribuable averti. Si un droit d'accise est perçu dans le but d'actionner en responsabilité les producteurs de substances malsaines, une taxe à la valeur ajoutée sur le tabac se justifie-t-elle ? En préambule, il y a lieu de rappeler qu'une telle imposition n'est pas une taxe mais un impôt sur la consommation dont le produit ne fait l'objet d'aucune affectation particulière. Dès lors, elle ne peut donc être associée à une mission susceptible d'optimiser l'utilisation des recettes prélevées ; sa justification est illégitime.

Dans une république se voulant exemplaire en matière de transparence de l'action politique, l'impôt n'a pas donc plus sa place. La pertinence d'un tel dogme est difficile à prendre en défaut. Par exemple, un impôt sur le revenu ne renseigne nullement le contribuable sur l'usage qui est fait de sa rémunération au nom de l'intérêt général. Une taxe sur le salaire obligerait le législateur à se poser la question tant attendue : pourquoi faire ? La réponse est aisée : la défense des droits autorisant à dignement de son travail. Ceci implique que les recettes fiscales soient utilisées pour doter la France d'une justice professionnelle de qualité. Actuellement les prud'hommes sont peuplés d'amateurs ultra-politisés, incompétents et faisant du social de bas étage au lieu d'appliquer la loi.

La redistribution des richesses est un mirage car elle aboutit à engraisser frauduleusement ceux qui prétendent défendre les intérêts des exploités. L'État devrait uniquement taxer les rémunérations à un taux suffisant pour permettre aux salariés de traîner en justice ces patrons trichant sans vergogne et ridiculisant la législation du travail. Les effectifs du Trésor public sont devenus pléthoriques car celui-ci coopère malhonnêtement à un processus de redistribution des richesses. Le législateur a été incapable d'inscrire dans le préambule de la constitution française un principe fondamental : « *Chacun a le droit d'exercer une activité lui permettant de vivre et se développer sans que ne soit porté atteinte à sa santé et sa dignité* ». Point barre.

En l'absence d'un salutaire garde-fou constitutionnel sur la rétribution du travail, les syndicats et les élus se sont transformés en Robins des bois, détrousseurs des classes moyennes. Ne pouvant soutirer de l'argent aux riches, partis en croisières vers les paradis fiscaux, ils se sont rabattus sur des proies à quatre mille euros par mois, ce fameux seuil intolérable de la fortune pour les grands penseurs socialistes.

In fine, les députés ont créé un capharnaüm de la redistribution des richesses. Plus un seul citoyen français n'est capable d'appréhender la destination de ses impôts et, par voie de conséquence, le bilan d'un élu. Mettre fin à ce triste état de fait nous renvoie au début de cet essai : tout changement n'est compréhensible que s'il intègre un mode d'intervention et un seuil d'exigence.

Pour pouvoir intervenir efficacement dans l'évaluation des bilans électoraux, les citoyens doivent bénéficier d'une fonction publique gérée comme une entreprise avec un nombre limité de missions que financent des taxes bien précises. Le seuil d'exigence que l'électeur est en droit d'attendre s'appelle la transparence absolue en matière de dépenses des élus. Tout manquement à ces deux conditions entraîne le pouvoir politique encore plus profondément dans la spirale infernale de la « *démocrotte* ». En ayant complaisamment laissé les élus dissimuler leurs bilans, l'État a ainsi franchi un nouveau palier irréversible dans le déclin moral la nation.

Sans moyen d'évaluer le bien-fondé et l'utilisation des prélèvements obligatoires, les électeurs participent alors complaisamment à la tricherie nationale, cherchant à obtenir une part toujours plus conséquente d'un gâteau fiscal dont ils ne peuvent en comprendre ni la recette ni le coût. Les politiques vont par ailleurs leur faciliter la tâche en utilisant la diversion des jeux puis l'assistanat comme caution à une revendication qu'un chanteur avait si bien comprise et chantée dans les années soixante : « *Et moi et moi et moi* ».

Chapitre 5

Les arènes de la diversion

N'ayant plus confiance en ses représentants, la France commence à sérieusement douter de son modèle politique. Par voie de conséquence, les partis extrémistes reviennent à la mode et les citoyens renâclent à se rendre dans les isoloirs. Au plan économique, le désarroi est tout aussi palpable. La baisse du pouvoir d'achat frappe toutes les couches sociales ; les travailleurs peu qualifiés sombrent dans la pauvreté absolue et les classes moyennes survivent péniblement en fustigeant un régime décrédibilisé où règne l'esclavagisme des prélèvements obligatoires.

De nouveau, les élus vont puiser dans les souvenirs les plus vivaces de leur enfance pour trouver une parade efficace au désabusement électoral de la France. Si les parents font preuve d'une certaine autorité en famille, ils peinent à l'exercer face à des bandes d'enfants qui se liguent contre eux pour remettre en cause l'emprise parentale. Se refusant à se défendre ou se justifier sans arrêt, mères et pères organisent généralement des jeux en vue de faire diversion ; un enfant la bouche pleine de gâteau, courant derrière un ballon ou jouant au docteur ne questionnent plus bêtement ses procréateurs.

Mais avant de traiter les citoyens comme des mioches naïfs, les représentants du peuple ont soigneusement analysé dans le détail les réels motifs de l'abstention. Ceux-ci ont vite perçu que l'identification projective génère l'effet boomerang de la désaffection électorale. L'élu projette une image de solidarité que l'électeur conserve dans son imaginaire, si cela lui convient. Dans le cas contraire, il la renvoie négativement vers celui qui cherche à le contrôler en l'assistant. S'en suit un désamour permanent du citoyen envers la classe politique.

Mais, de nouveau, l'élu sait répondre présent lorsque la détresse populaire se fait sentir dans les isoloirs. Prenant conscience que l'électeur se reconnaît en lui défavorablement, il crée et promeut une tierce personne pour faire diversion. C'est soit un héros projetant une image parfaite, et dans lequel chaque individu ne peut s'identifier que positivement, soit un malfaisant censé nuire à la société et venir contrecarrer l'action salutaire des politiques.

La stratégie est simple : au travers d'événements futiles, détourner l'attention du citoyen afin que celui-ci se désintéresse des bilans électoraux aux conséquences désastreuses. Un député, auquel on posait la question de savoir pourquoi les élus ne peuvent percevoir l'état réel du pays, aurait répondu avec le plus grand sérieux : « *À cause du voile islamique, qui occulte trop la vision, tout simplement* ».

Pour préserver le moral du lecteur, ce chapitre va s'intéresser en premier lieu à la diversion dite positive. Depuis l'antiquité, le pouvoir politique a compris qu'en l'absence de galette dorée il fallait offrir au peuple des jeux à la salacité croustillante. Le bon vieux et éculé *« Panem et circenses »* sera toujours là pour rappeler aux élus que le succès de leurs combines nécessite de choisir judicieusement le héros et l'arène dans laquelle celui-ci sera jeté.

Un premier écueil se dresse ; en s'identifiant à un surhomme, l'électeur devient lui aussi un demiurge enclin à dédaigner le spectacle promu par les politiques. On ne mélange pas facilement un champion sportif avec un top model ; le mordu des chaussures à crampons ne vénère pas forcément les talons-aiguilles. Seule peut donc s'envisager la solution du demi-dieu universel dont le patronyme l'autoriserait à revendiquer les exploits des autres, dans lesquels il se reconnaîtrait fièrement.

En décryptant les scènes de liesse populaire, les politiques ont repéré la perle rare capable de gérer la gloire sans que ne s'installe la jalousie dans une communauté. Son nom revient sur toutes les lèvres : ON a gagné, ON est les champions, ON est les meilleurs. Les médias l'ont très normalement popularisé ; même si ON est un prénom refusé par l'état civil, il suscite la solidarité, la cohésion et la générosité au sein de la nation tout entière. Monosyllabique, il s'apparie avec n'importe quel nom de famille, noble ou roturière.

D'un point de vue marketing, ON est une cible idéale qui se dépouille avec la plus grande aisance. ON paie sa place de spectacle sans s'insurger contre les émoluments de son show man préféré que son esprit affûté n'assimilera jamais à un patron cupide. ON achète au prix fort les articles le liant corps et âme à son héros favori. Vénérant les mêmes vêtements, bijoux, parfums et déodorants, tous deux partent ensemble à la conquête du monde.

Les pratiquants remplissent les lieux de culte, les assistés envahissent les arènes où le discernement de l'être humain est mis à mort, comme le taureau, après un cérémonial condamnant la victime, saignée à blanc par les picadors de la cupidité et l'irresponsabilité. Autant la création d'un surhomme universel se révèle assez simple, autant le choix des arènes est plus complexe car ON doit rentrer facilement et régulièrement en communion avec la personnalité qu'il adule sans réserve.

L'universalité du « ON » n'est finalement préservée que dans la mesure où l'arène choisie n'engendre aucune identification projective négative envers le héros et l'élu. Facile à imaginer, difficile à réaliser, surtout en France où l'individualisme forcené des citoyens est bien ancré dans la société, malgré l'une des législations les plus denses au monde en matière d'égalitarisme.

Mais impossible n'est pas français, notamment chez ces personnalités politiques qui ont compris qu'il suffisait de sélectionner les arènes en fonction des sentiments d'infériorité que ressentent les individus, depuis leur naissance jusqu'à leur mort. En logeant tous les citoyens à la même enseigne du handicap social, la dépendance affective de l'électeur envers le héros universel est garantie à vie. Regardons objectivement autour de nous. Le nombre de personnes touchées par la beauté, la puissance physique, le courage et la chance est infime en comparaison de la multitude des humains laids, amorphes, lâches et malchanceux.

Dès notre plus jeune âge, nos parents nous préparent inconsciemment à fuir la triste réalité de l'existence. Ceux-ci nous déguisent comme des marionnettes afin de masquer traits grossiers, dents manquantes et cheveux hirsutes. Arrive l'époque où notre aptitude physique est mise à la rude épreuve des stades et salles de sport qui confirment que nous possédons bien le souffle, la vitesse et la grâce que nos procréateurs n'ont jamais détenus. Puis nous sommes encouragés à développer notre hardiesse en organisant des goûters où il nous faut déclamer le maximum d'inepties puériles en seulement quelques heures, avec l'espoir de briller. Notre éducation enfantine se termine par l'apprentissage de ces jeux de société inventés pour forcer le destin d'une vie ratée. Le Monopoli nous redonne la foi que les religions, décrédibilisées par la science, ne sont plus capables d'insuffler autrement que par le fanatisme.

Une simple transposition du modèle éducatif à la vie électorale prouve que les recettes de l'enfance sont pleines de bon sens politique ; les défilés de mode, les défis sportifs, les shows télévisés et les loteries se substituent aux séances consacrées à se déguiser, s'entraîner, goûter et jouer.

Molière aurait tant aimé vivre jusqu'au vingt-et-unième siècle pour donner une suite royale aux Précieuses Ridicules qui ne sont plus ces courtisanes pimbêches se pâmant à la lecture d'un bel alexandrin mais ces couturiers s'extasiant devant leurs déguisements transformant des androgènes ignares en reines de beauté d'un jour de défilé. Les podiums de la mode ayant remplacé les salons littéraires, la classe politique lèche avec délectation les bottes en croco de l'industrie du luxe où la cupidité rivalise avec la provocation et la futilité des créations.

La haute-couture est ainsi une arène où les élus défilent et s'exhibent aux côtés de célébrités ravivant une image ternie par un manque évident de talent. Si l'habit ne fait pas le moine, la mode crée l'illusion de la célébrité. En effet, que vaut un bout de tissu porté par vous ou moi ? Pas grand-chose, sinon rien. Alors qu'exposée devant une nuée de paparazzis, la moindre création, d'un goût douteux et d'un prix grotesque, procure un statut de star à une locomotive obsolète, marchant à l'alcool et entraînant dans son sillage fumeux ces innombrables personnalités politiques à bout de vapeur électorale.

Dès qu'ils désirent soigner leur image, les élus savent se montrer extrêmement généreux envers leurs sponsors, une tactique à double tranchant car la célébrité n'a pas que des avantages, loin s'en faut. Pour permettre à l'industrie des *« people »* de prospérer honteusement et en toute quiétude, le législateur français a sciemment laissé se déliter le sens des valeurs dont notamment le respect d'autrui et de l'argent.

La dictature de l'émotion tourne en ridicule les lois promulguées pour protéger la dignité humaine. Prétextant défendre la liberté d'expression, les élus affichent une hypocrisie sans nom. Un sous-entendu blagueur sur l'origine ethnique d'un électeur déclenchera toujours un immense concert d'indignations politiques. Par contre, aucune intervention du ministère public n'est à attendre lorsque s'étale une photographie illégale dans la presse à scandales, jetant aux chiens le bout de gras ou de cellulite d'une personnalité en vue ; les médias rodent comme des hyènes pour dépecer en toute impunité les victimes du voyeurisme. Avant même que les martyrs des invasions à la vie privée ne se manifestent, l'État devrait faire condamner les pourvoyeurs d'humiliations portant atteinte au respect de la personne humaine. Certains médias ne font néanmoins que satisfaire les désirs de pseudo-célébrités qui attisent l'abattage audio-visuel de leur existence insignifiante contre de confortables émoluments.

Au nom de la morale, devraient s'afficher à côté des publi-reportages qui leur sont consacrés les sommes rondelettes versées par les médias aux « people ». Malgré une telle disposition, la décadence de l'image perdurera car vouloir trop plaire est le plaisir éternel des moches ; mais les lecteurs et les téléspectateurs pourront apprécier à sa vraie valeur monétaire la cupidité qu'engendre la popularité.

En France, les élus ne reculent jamais devant le ridicule pour remercier les sponsors de leur image. Ils acceptent même le dumping du crétinisme en autorisant la diffusion sur le territoire national de la chaîne américaine E(diot) dont aucune star n'arrive à la cheville d'une pétasse made in France. Les querelles puériles de la famille « Cédunchiant », les soirées débiles des « Girls du Viagra », les ricanements plus que sots de « Kendiraton » et le pitoyable destin de « Kimorariendit » illuminent la réputation de ces célébrités auxquelles s'associe sans vomir la classe politique.

Les shows télévisés copient cette presse nauséabonde qui prétend faire et défaire l'image trompeuse des puissants. Des présentateurs, aux comportements malsains de fouille-poubelles de la vie privée, tournent en dérision toute personnalité voulant gonfler l'audimat. Nulle éthique dans tout ceci ; les profits récoltés en commercialisant la vulgarité et l'indécence valent bien une entorse permanente au respect de la dignité humaine.

Le laisser-faire complice des pouvoirs publics affecte également une autre valeur associée à une bonne éducation républicaine : le respect de l'argent. Les articles d'un luxe aux prix indécents illuminent la notoriété des cupides. Les marges des parfums sentent mauvais dans une société où un quart de la population vit avec un salaire net mensuel inférieur à mille euros. Mais qu'importe, la popularité comme l'argent n'a pas d'odeur, surtout lorsqu'il s'agit du pouvoir politique.

Le luxe attire vraiment les citoyens sans grand discernement. Autrefois, les français étaient fiers d'acheter du « Made in France », garantissant une qualité que produisaient localement les artisans. De nos jours, les consommateurs se contentent d'un « Made in nowhere », traduisez fabriqué on ne sait où, dont la valeur est déterminée par un équilibre savamment entretenu entre la rareté et l'exclusivité.

Les arènes de la beauté fabriquée par la mode et la chirurgie esthétique fournissent toutefois aux célébrités des revenus bien moindres qu'espérés car, en majorité, les citoyens boudent un processus d'identification qui ne déclenche pas une liesse populaire où les crétins peuvent pleinement s'illustrer. Les hooligans délaissent les défilés de mode réservés à une élite bidon dont les rares apparitions se limitent aux collections printemps-été et automne-hiver.

De toute évidence, le spectateur d'un « *fashion show* » se divertit mais ne participe pas pleinement, une attitude que déplorent les médias comptant sur la castagne qui laisse sur le carreau suffisamment de victimes pour faire grimper l'audimat vers des sommets couverts de profits éternels. Recherchant eux aussi des héros plus visibles et bruyants, les hommes politiques se sont donc mis en quête d'une nouvelle arène.

Les organisations sangsues qui exploitent le travail des autres flairent toujours l'opportunité d'accroître leur emprise sur l'être humain par le sport. Les agences de publicité, les médias et les partis politiques ont ainsi uni leurs forces pour réhabiliter les jeux du cirque. Aujourd'hui, les gladiateurs ne sont plus enchaînés puis massacrés dans des amphithéâtres mais restent ligotés par des contrats faramineux et se détruisent eux-mêmes avec l'argent, le dopage et la drogue.

En termes de dépendance, le sport offre un avantage considérable, l'identification solidaire à une équipe. Par voie de conséquence, ON ne se sentira jamais abandonné par son joueur fétiche ; en cas de défaite il sera évident que le héros aura été trahi par son entraîneur et des commentateurs osant censurer ses performances. L'engouement des élus pour le sport collectif est compréhensible ; une discipline individuelle autorise une carrière que peut brutalement interrompre une blessure grave, une exclusion pour dopage ou un contrat avec une chaîne de télévision.

Une équipe nationale ne meurt jamais. Elle fait grève, se déchire de manière tribale aux yeux du monde entier, est pitoyable sur le terrain, bref se couvre de ridicule, mais demeure cet étendard magique derrière lequel se rallient les adeptes et les nostalgiques du défi guerrier.

En cassant la tirelire et la morale de la société, les élus financent outrageusement les sports dont les fédérations obtiennent des privilèges surréalistes. Ces dernières ont réussi là où les religions avaient échoué : créer un État dans l'État. Finalement la révolution française aura été vaine, puisqu'elles opèrent, telles des seigneuries, en marge de la république. Prenez le cas de l'arbitrage vidéo, garant de l'éthique sportive pendant une compétition. Lassée des atermoiements de la Fédération Internationale de Football, qui y réfléchit depuis vingt ans, une nation devrait en exiger l'utilisation aux équipes professionnelles sur son territoire. Ne voulant surtout pas compromettre l'espoir électoral d'organiser une prochaine coupe continentale ou mondiale, un parlement n'imposera jamais un tel dictat.

Les agents sportifs se confondent avec les négriers d'antan car le pouvoir politique a laissé s'installer un marché des transferts tout aussi illégal que l'esclavage. Quel serait le prix d'un bien industriel si chaque ingénieur ou ouvrier était mis aux enchères durant un Mercato des usines deux fois par an ? Une question qui entraîne une seule réponse : la déplorable compromission des élus.

On pourrait faire valoir que les clubs sportifs se procurent des talents de très haut niveau en achetant et vendant leurs joueurs. Mais observons le résultat dans un pays comme la France où la majorité de ses meilleurs compétiteurs se négocient à l'étranger ; cette nation ne peut aligner onze professionnels de football assez performants dans une compétition internationale. Si ceux-ci étaient de simples salariés payés à l'heure d'entraînement et de jeu, dont les bonus seraient calculés sur la base des matches victorieux, autant vous dire qu'ils se bougeraient au lieu de trottiner en s'économisant pour s'éclater dans les night clubs et les spots publicitaires.

La malveillance des élus est à son apogée lorsque sont négociés les droits de retransmission pour les événements sportifs. A titre d'information, ceux-ci atteignaient 600 millions d'Euros en 2008 uniquement pour la première ligue de football. Complaisamment autorisée par les législateurs, une telle manne ruine les collectivités locales. Tout d'abord, elle maintient péniblement en survie des clubs agonisants qui, n'atteignant jamais la taille critique pour prospérer, réclament de copieuses subventions. Puis elle nécessite une autre intervention des communes, cantons et régions condamnés à financer l'aménagement des stades ; les clubs sous-investissent en permanence dans les infrastructures puisque leur quote-part des droits télévisuels couvre à peine l'achat des joueurs.

Afin de s'attirer les faveurs des milieux sportifs, les élus ont donc laissé s'installer un racket des consommateurs, condamnés à payer au prix fort une prestation particulièrement médiocre. En ce qui concerne le football, la punition est lourde pour le spectateur ; les clubs de première ligue se faisant régulièrement torcher par des seconds couteaux appartenant aux divisions inférieures durant la Coupe de France.

Si le consommateur est le dindon de la farce, le contribuable est la farce du dindon puisque les impôts locaux et régionaux subventionnent des clubs moribonds et des stades à moitié vides. Pour protéger les contribuables, l'État devrait moraliser l'utilisation des droits de transmission en exigeant que ceux-ci paient les infrastructures, pas les salaires et encore moins les achats de joueurs. Sans cette règle, les équipes professionnelles n'ont nul intérêt à satisfaire le public puisque la télévision leur fournit des revenus plus que confortables.

Les autres secteurs d'activité font appel aux banques, aux investisseurs ou à l'autofinancement pour développer leur patrimoine sans l'aide des collectivités locales. Si ces dernières acceptent de subventionner les installations sportives, elles devraient consentir le même privilège à l'ensemble des bâtiments commerciaux, industriels ou agricoles. Boulangers, charcutiers, libraires, coiffeurs, restaurateurs et autres commerces de proximité, faites du sport et vos fins de mois difficiles ne seront plus qu'un lointain souvenir !

Rome affranchissait les gladiateurs les plus talentueux mais ne les couvrait pas d'or ; les combattants d'exception pouvaient s'acheter une modeste villa à la campagne, sans plus. Dans les années soixante, la paie mensuelle de nombreux joueurs de football français n'excédait pas 2.000 euros, un salaire amplement suffisant pour s'offrir un appartement et prendre sa retraite avec bobonne dans une station balnéaire miteuse. Personne n'y trouvait à redire et ce n'était que justice.

Depuis l'avènement du socialisme à la française dans les années quatre-vingt, et l'effondrement économique qui en découla, les élus naviguent à vue dans l'océan du fiasco électoral, tels des requins entourés de poissons pilotes, les athlètes. Les politiques ne font plus d'inutiles discours, mais des commentaires sportifs aussi creux que les caisses du Trésor Public sont vides.

Les agents des athlètes exploitent eux aussi le filon de la dépendance électorale pour faire fortune et enrichir leurs protégés ; ceux-ci ayant depuis toujours bénéficié de la décadence d'une civilisation. Vespasien est finalement le seul homme d'État dont la grandeur plébéienne et humaine appréciait à sa vraie valeur les champions. Il leur accordait le privilège de mourir à un très jeune âge dans le Colisée, épargnant ainsi au bon peuple les trémolos larmoyants de quadras recherchant désespérément les revenus indécents que procure une ultime sélection en équipe nationale

L'indigent qui dénonce en pleurant les carences de l'État en matière de logement encense dans un même sanglot le confort des stades et l'organisation de compétitions prestigieuses que les élus financent en délaissant les citoyens les plus démunis. Si les clubs professionnels finançaient leurs infrastructures sur leurs fonds propres, sans la moindre subvention publique, les mal-logés dormiraient dans des palaces cinq étoiles !

En France, les fiascos et les dérives salariales des équipes nationales, appartenant aux disciplines les plus pratiquées, ont commencé à fissurer la confiance de la nation dans ses héros favoris. Soyons objectifs ! Bon nombre de personnes n'aiment pas le sport, source de sueur et de brutalité bestiales attirant les garçons manqués mais rebutant les jeunes filles délicates.

Après une analyse intelligemment simpliste, les élus se sont aperçus que le marché plus raffiné des arts n'avait pas encore été politiquement exploité. Une intolérable carence que la sur-médiatisation de la société autorise à corriger magistralement. Dans notre civilisation actuelle, tout est prétexte à un show, auquel l'élu apportera sa caution morale, en espérant assister les groupies des artistes, souvent en herbe à fumer, un segment non négligeable d'électeurs dont le potentiel d'asservissement envers l'État promet beaucoup.

Mais prudence tout de même, l'artiste ne se gère pas comme un athlète. La relation entre ON et son héros devient beaucoup plus *« intuite personae »* ; mis à part les groupes musicaux et les troupes de danse, la création reste un acte individuel. En outre, certaines formes d'art, comme la peinture et la sculpture, s'adressent à un public averti, financièrement aisé et obligé d'attendre la mort de l'artiste pour spéculer. Guère efficace lorsqu'un candidat à l'élection recherche un être bien vivant et suffisamment présent à ses côtés.

Ne perdons pas espoir ; il existe des modes d'expression qui, tel le sport, font vibrer les masses populaires, et par conséquent la corde très sensible de l'assistanat, prête à se rompre suite aux échecs incessants du monde politique. La musique et le cinéma sont très prisés pour une évidente raison : un nombre impressionnant d'artistes sans talent mais surmédiatisés ont le potentiel d'attirer des foules considérables, surtout si le spectacle est en apparence gratuit, puisque financé par les collectivités territoriales.

Du temps des cours royales européennes, la musique restait l'apanage d'une élite incapable de dénicher des talents autres que Mozart, Bach, Verdi, Haendel, dont les créations étaient sauvées de la critique acerbe par des mécènes n'acceptant que les sonates, les messes, les opéras et les symphonies.

L'avènement de la république puis de l'audio-visuel ont salutairement bouleversé la donne. Dorénavant, des stars planétaires nous abreuvent de mélodies d'une rare harmonie, comme le reggae, le rap ou le R&B, et écrites par ces compositeurs maîtrisant déjà un vocabulaire infantile primaire, quelques cinquante mots exprimant les idées et les sentiments de cerveaux dont le développement s'est arrêté net durant l'adolescence, suite à une surconsommation de drogues et d'alcools.

Aujourd'hui, nul besoin de savoir chanter ou jouer ; une plastique siliconée, tatouée, vulgaire à souhait et fort habilement retouchée par un photographe fait l'affaire, à condition d'être régulièrement exhibée pour ôter tout discernement aux spectateurs. Ceux-ci abreuvés d'inepties visuelles à Saint-Tropez l'été et Saint Barth l'hiver, ne sont plus en mesure d'évaluer la valeur d'une œuvre, comme le citoyen reste impuissant à juger le bilan des élus.

Chat échaudé craignant l'eau chaude des plages estivales, les représentants du peuple sont toutefois attentifs à ne point trop se compromettre avec des loosers et autres contre-performers alcooliques. Concernant la musique et le cinéma, aucun risque de ce genre puisque l'électronique corrige automatiquement les insuffisances des artistes sans voix, ni expression. Le play-back, le mixage, le mastering, autant de techniques perfectionnées qu'admirent les élus, habitués depuis toujours à maquiller la réalité.

Les mondes des arts et de la politique ne pouvaient que s'unir pour piller le consommateur et le contribuable en toute quiétude. S'agissant de l'audio-visuel, valoriser l'image du héros est devenu vital puisque le talent n'est plus un enjeu en soi, la technologie intervenant à la moindre défaillance de l'artiste. Se remémorant leurs goûters et booms enfantines, les professionnels de la médiatisation outrancière ont donc concocté un cocktail de shows télévisés où les sans-grades de la société peuvent venir rappeler à un public médusé qu'ils existent toujours.

Le talk-show constitue la forme la plus primaire de diffusion des questions existentialistes que se posent les *« people »* face aux comportements zappeurs du public. Comme le ferait une mère de famille organisant un goûter pour ses enfants, il est orchestré par un animateur libre d'inviter les personnalités de son choix. Certains élus le plébiscitent car, quitte à expier une tromperie conjugale ou un détournement de fonds, mieux vaut le faire en petit comité que pendant une conférence de presse où les entrées et les questions ne sont point filtrées.

Conscients des immenses services qu'ils rendent à la classe politique, les présentateurs de talk-shows réclament et obtiennent d'indécentes rémunérations, justifiées selon eux par l'audimat, l'instrument de référence avec lequel se mesure le crétinisme de masse dans les démocraties.

Les États-Unis d'Amérique ont été les premiers à traiter les « *anchormen* » des chaînes de télévision comme des stars. Un humoriste s'était déjà scandalisé dans les années quatre-vingt de l'énorme jackpot touché par l'épouse d'un présentateur vedette suite à son divorce. L'expression de son indignation fut virulente : « *Fuck man, no pussy is worth one hundred and fifty million dollars* ». Putain, aucune chatte ne vaut cent cinquante millions de dollars, en français dans le texte. Inspirée par cette vision aussi pertinente qu'élégante, la première dame des États-Unis dans l'industrie du commérage télévisé fera à coup sûr inscrire sur sa tombe cette épitaphe : « *Fuck woman, no mouth is worth a billion dollars* ». Putain, aucune bouche ne vaut un milliard de dollars, toujours en français dans le texte.

Une fois payées les maisons de production avec les redevances des contribuables, il ne reste plus assez d'argent dans les caisses de la télévision publique pour attirer ces grandes pointures médiatiques qui s'épanchent sur les innombrables défaillances de leur vie amoureuse ou financière. Contrainte de se rabattre sur d'illustres inconnus, une émission comme « *ça se discute* » propose une audience et des décors de déchetterie humaine vous faisant ardemment regretter la propreté de vos goûters d'antan. Le talk-show présente toutefois un inconvénient de taille : pour y être invité, il faut avoir quelque chose de salace à raconter avec la ferme volonté d'alimenter la polémique à la mode.

Au nom de *« Liberté, Égalité, Fraternité »*, les professionnels de l'audio-visuel ne pouvaient laisser perdurer une telle injustice. D'où la naissance du summum en matière de crétinisme populaire, le *« reality show »*, réservé à cette frange sociale qui raisonne plus avec son bas-ventre qu'avec sa tête. Les *« pyjamas parties »* et les soirées touche-pipi échappent désormais à la vigilance des parents.

Toujours aussi complaisant envers les médias, le pouvoir politique a laissé l'industrie de la connerie envahir les foyers. La promotion de l'égalité des chances par l'éducation et l'excellence est utopique dans une société où les *« reality shows »* font l'apologie du médiocre, élu par ses congénères soucieux d'écarter le meilleur candidat pour conserver l'espoir de gagner. Rien ne sert d'encenser les Grandes Ecoles ! En plébiscitant *« La Ferme Célébrités »,* le peuple démontre que bon nombre d'animaux domestiques ont une intelligence bien plus développée que l'immense majorité des *« people »*.

Contraints d'accroître leur dépendance envers les médias pour fidéliser l'audience des assistés, les élus commettent une erreur monumentale : les présentateurs, les animateurs et les commentateurs veulent aussi devenir des héros et concurrencent déloyalement les sportifs, artistes et politiques dont ils vantent les exploits. Le pire est à venir, car le mouvement enfle de manière incontrôlée.

Une miss météo ne voit jamais venir une dépression mais ne se sent plus pisser pendant un journal télévisé. Après une impitoyable sélection dans le monde fermé des mannequins inconnus, l'heureuse élue fait la une des médias ; la couleur de ses cheveux faisant débat. Soyez rassuré, la teinte de sa toison ne fut pas le seul critère retenu lors de sa sélection dont le protocole reste un secret d'État. Notre ingénue n'a pas été recrutée pour ses aptitudes en météorologie, mais en raison de sa plastique irréprochable et de ses talents d'actrice développés dans des boîtes de nuit hyperbranchées. Une mauvaise météo s'annonce avec la légèreté d'une comédie musicale. Revu et corrigé en hommage au Magicien d'Oz, un ouragan fait fureur, même en Bretagne. À l'inverse, un temps radieux s'explique avec une sobriété Bergmanienne pour ne point frustrer les assistés sociaux privés de week-end ou de vacances.

L'homme politique, l'artiste ou le sportif assistant à la prestation d'une miss météo sur un plateau de télévision en ressort complètement rincé. Tel un fétu de paille, le programme électoral, l'exploit du jour ou la création géniale d'un invité du Grand Journal est systématiquement emporté vers les égouts de l'anonymat par la chansonnette ou la scénette pitoyable d'un crapaud, qu'un seul coup de baguette médiatique transforme en une superbe créature prête à gravir tous les barreaux pourris de l'échelle qui mène au cinéma.

Chacun veut sa part de l'immense gâteau médiatique dont aucune règle éthique n'encadre la fabrication. Notre miss météo est entourée d'animateurs et de journalistes désirant eux aussi exploiter la relation de dépendance entre le public et les présentateurs de l'audio-visuel. Ces derniers se construisent une image à la hauteur de leurs egos surdimensionnés pour mieux masquer le caractère affligeant de leurs questions aux stars de l'actualité.

De toutes les façons, les invités des « talk shows » n'en ont cure puisque seul le lancement marketing de leur dernière création, en vente seulement depuis quelques jours, justifie leur présence dans les studios. Tout est aujourd'hui prétexte à théâtraliser l'événement, au moyen de décors somptueux et en voulant nous persuader que, dépourvue du nouveau « must » qu'adorent les « people », notre vie basculera dans l'insignifiance la plus totale.

Mais finalement, le pouvoir politique a beau ruiner le pays pour nous abêtir médiatiquement parlant, rien n'y fait, les sondages sont toujours aussi déprimants. La prochaine élection va encore se jouer à quelques pourcentages près. ON se lasse des insolentes prérogatives consenties à ces héros refusant le partage de la célébrité. Les autographes et les billets gratuits se font de plus en plus rares ; le désespoir du peuple français couve sous la cendre noire des illusions perdues.

Les assistés n'ayant jamais eu la moindre gratitude, les élus ont finalement compris qu'il était contre-productif de trop s'impliquer dans la relation entre ON et ses idoles. Mais que faire lorsque tout a été déjà tenté ? Dans ses moments de doute intense, Napoléon rappelait à ses troupes que le succès requiert essentiellement de l'intuition, induite par la réminiscence de l'expérience. La solution serait-elle donc à portée de nos souvenirs les plus vivaces ? Eh bien oui ; il suffit de se remémorer nos parents qui, lassés de nous distraire, nous collaient devant une boîte de jeu avec un conseil cinglant comme un ordre : *« jouez sans vous battre les enfants, et surtout ne trichez pas ! »*.

Les jeux de hasard ! Voici donc le moyen de divertir les assistés de la république sans compromettre la réputation du pouvoir politique. Lorsque les diversions associées au luxe, au sport ou à l'audio-visuel ne font plus d'effet, les loteries de tout genre procurent la dose finale d'anesthésiant que l'on administre à l'électorat. Enorme avantage, celles-ci n'ont aucune incidence négative sur l'image des élus et en plus apportent aux finances publiques des sommes plus que rondelettes dont profitent les partis politiques. Mieux encore, la morale est sauve puisque les aides versées aux plus démunis reviennent dans les caisses de l'État grâce à des réseaux de collecte diablement denses. L'administration française sait aller à la rencontre des pauvres dans l'incapacité de se déplacer pour les dépouiller avec humanité.

La stratégie des élus est machiavélique ; elle permet de collecter l'impôt non seulement sur les mises des joueurs mais aussi sur tous les biens et services que facturent les distributeurs de jeux et de paris. Les débits de boissons, chez lesquels les assistés se rendent régulièrement, en profitent pour vendre tabac et alcool, deux produits parmi les plus taxés en France. Les épargnants jouant à la loterie de la bourse permettent aux banques d'engranger des profits que l'impôt sur les sociétés se fait un plaisir de ponctionner autour des 30 %. Les heures de connexion internet dépensées pour les paris en ligne gonflent les factures de télécommunication sur lesquelles le ministère des finances s'empresse de prélever une taxe à la valeur ajoutée au léger taux de presque 20 %. Quand l'État dépouille le citoyen, il ne le vole pas, il le pille, nuance.

Sa feuille de paie laminée par les prélèvements obligatoires et son maigre revenu dilapidé dans les arènes de la non-valeur, ON a désormais atteint le prestigieux, et tout aussi enviable, statut socialiste de « gagne-petit ». ON parcourt fièrement les marchés, les foires à tout et les ventes de garage à la recherche du bien-être que ressent le miséreux découvrant l'indigence. Les partis politiques ne restent pas insensibles à cette légitime quête du citoyen pour reconquérir le bonheur. Délaissant les emplois manufacturiers et les secteurs de pointe, les élus privilégient le business de la farfouille. A Lille par exemple, la Grande Braderie incarne dorénavant le fleuron industriel de la Région Nord Pas de Calais.

Tels des joueurs de poker trichant sans vergogne, les élus gardent secrètement une carte en réserve dans leur manche pour se soustraire aux mauvaises performances de tous ces héros capricieux et sponsorisés aux frais du contribuable. La tactique de la diversion négative est prioritairement réservée aux électeurs envieux et méprisant les surhommes dont les médias nous vantent trop quotidiennement les exploits.

Dans la grande tradition des westerns tragi-comiques du type « *Le Bon, la Brute et le Truand* », la classe politique française nous joue alors la grande scène du huit, traduisez le « *Vingt Heures* » télévisé, où « *L'Islamiste, le Front Nationaliste et le Capitaliste* » sont plaqués sur des affiches « *Wanted* » que de loyaux et courageux shérifs républicains vont traquer sur tout le territoire national.

La chasse aux « *bad boys* » se déroule à la manière des « *Justiciables de l'extrême* », une série télévisée très en vogue et pendant laquelle l'électeur vit en direct un règlement de compte du type « *OK Coral* » où le vilain est non seulement une personne physique mais également le représentant d'une institution religieuse, politique, sociale ou économique. Prudence donc, car celui-ci personnifie inévitablement un électeur qu'il va falloir diaboliser avec doigté.

Toujours aussi retords, les partis politiques ne s'attaquent pas frontalement aux méchants mais à coup de sondages organisés par leurs partisans au sein des médias. Leur impartialité est ainsi préservée puisque c'est l'opinion publique elle-même, et non leurs adhérents et encore moins leurs premiers secrétaires, qui condamne les ignobles agissements de ces citoyens qu'il est urgent de ramener dans le droit chemin bien crotté de la république betteravière.

Dans le cas du bon islamiste, les électeurs très attachés à la laïcité ainsi qu'à l'égalité des droits entre l'homme et la femme vont se voir offrir un nombre conséquent de forums pour exprimer leur avis, dont dépend le gain du prochain scrutin. Tous les sujets de société seront abordés dans un souci de manipulation évidente. La burka, la bigamie, le minaret, la prière, l'iman, le coran, la viande halal fourniront chacun un prétexte à une enquête d'une remarquable utilité ; 50 % des sondés sont pour, l'autre moitié contre, mais pour un motif inconnu.

L'islamiste, est ainsi partiellement crucifié à la grande joie de certains électeurs s'identifiant dès lors à un justicier qui, tel Zorro ou Rintintin, rétablit l'ordre républicain. Ceux-ci apporteront leur suffrage au parti qui aura eu l'immense courage de dénoncer l'intolérable menace pesant sur la France et dont la futilité masquera les déficits publics, l'insécurité et la faible compétitivité du pays.

Le bon fidèle des mosquées n'a pas été totalement cloué au pilori et peut encore s'agiter, ce qui suscitera la vive colère de la brute nationaliste à laquelle sera équitablement dédiée une série de sondages tout aussi dérisoires sur le fond, mais politiquement utiles sur la forme. Le nazisme, l'immigration, Jeanne d'Arc, l'Euro et les skinheads, pour ne citer qu'eux, dissimuleront la désastreuse gestion de l'État français et le fait que, si le taux de chômage avoisinait les 3 % et la croissance adoptait un rythme Chinois, personne n'attacherait d'importance aux flux migratoires.

Le truand capitaliste fera valoir que la mésentente entre l'islamiste et le front nationaliste l'oblige à délocaliser ses emplois dans les pays où les immigrés clandestins n'étalent pas leurs revendications sur la place publique. Alors qu'en France, rentrer illégalement sur le territoire national vous donne le droit de critiquer ouvertement la nation qui vous héberge et de faire grève. Une situation intenable pour le pauvre capitaliste contraint, à contre cœur, d'importer des biens qu'il aurait tant aimé produire dans son pays.

Les arènes de la diversion sont les emblèmes maléfiques de la bêtise politique moderne. Elles symbolisent la création d'une « non-valeur » qu'acceptent trop volontiers les utopistes enthousiasmés à l'idée de pouvoir s'enrichir sans travailler. Ceux-ci cautionnent un système d'une rare indignité : l'État taxe en priorité le travail et délaisse fiscalement l'exploitation de l'émotion.

Désireux de faire rentrer ses recettes fiscales sans trop se fatiguer, le Trésor Public a instauré la TVA qui, n'étant pas payée en contrepartie d'un service rendu, représente en réalité un impôt. Encore une tromperie éhontée de la part des élus. Reconnaissant qu'il est plus facile de contrôler un producteur, dont les infrastructures sont plutôt pérennes, qu'un commerçant susceptible de vite délocaliser son établissement, les pouvoirs publics pénalisent les créateurs de la vraie richesse par l'innovation en épargnant fiscalement la non-valeur émotionnelle.

L'iniquité d'une telle politique saute aux yeux puis à la gorge du chef d'entreprise puisqu'elle incite à augmenter les prix des biens et services sans créer d'emplois. Prenez un négociant dont la TVA sur le chiffre d'affaires annuel atteint 200.000 euros et celle à déduire sur les achats est de 100.000 euros. Un industriel collectant le même montant de TVA mais consommant uniquement des matières premières, pour lesquelles la déduction s'élève à 20.000 euros, est de toute évidence le grand perdant en termes de cash-flow. La société de distribution réglera 100.000 euros de TVA seulement tandis que le manufacturier s'acquittera de 180.000 euros.

La sauvegarde de l'emploi et la fin de l'assistanat qui en résulte justifient finalement deux mesures radicales : le paiement du travail à l'heure et la taxation de la non-valeur.

Dans l'introduction de cet ouvrage, nous dénoncions le scandale des banques dont les honoraires et les commissions reposent sur la valeur des transactions, sans avoir à garantir la réussite de leurs interventions. Pour preuve, la majorité des fusions et acquisitions sont des échecs retentissants et les marchés financiers s'écroulent régulièrement.

Désolé, mais les banquiers d'affaires, les asset managers, les analystes financiers et autres traders peuvent être uniquement payés sur la base d'un salaire horaire, comme tout le monde. Étant donné l'inadmissible récurrence de leurs fiascos, rien ne milite en faveur d'un système de rémunération fondé sur le commissionnement ou les bonus. L'heure de labeur est un concept sain, même pour les banques, car c'est le seul moyen de mesurer, à travers une base fiable, universelle et objective, l'effort dédié à une activité rémunératrice.

Puisque la meilleure des justices sociales est d'imposer une corrélation équitable entre le travail fourni et la rétribution obtenue, les pouvoirs publics doivent avoir le courage de bannir les rémunérations assises sur la valeur des transactions. Il suffit d'effectuer le bilan des crises financières majeures qui ont secoué le monde depuis neuf décennies ; de 1929 à 2009, toutes ont été initiées par une minorité de cupides dont les rémunérations dépendaient de la survaleur frauduleuse que créaient les opérations financières ou immobilières dont ils assumaient la gestion.

Inutile donc de chercher midi à 24 heures pour prévenir une nouvelle crise boursière, alors qu'un simple principe plein de bon sens rural résout le problème : éradiquer la cupidité en déracinant l'injustice créée par le commissionnement sur la valeur des échanges, une véritable atteinte au principe constitutionnel d'égalité.

L'ouvrier qui fixe le tableau de bord des voitures défilant sur sa chaîne de montage, peut-il calculer sa rétribution en fonction de la valeur totale des véhicules passés entre ces mains habiles ? Le non qu'il convient d'apporter à cette énigme sociale milite pour qu'un principe identique s'applique à un trader voyant circuler des milliards d'euros entre ses neurones, victimes inconscientes du syndrome de la Société Générale, un empoisonnement du cerveau causé par un état avancé de vénalité. Une telle révolution dans la gestion des rémunérations moralisera le capitalisme qui n'a rien de répréhensible en soi, sauf les capitalistes eux-mêmes, bien trop cupides, dixit Harry Truman.

Ne reste plus qu'à résoudre l'épineux problème de la fiscalité de la non-valeur que nous définirons comme l'accroissement d'un prix sans contrepartie d'un travail bénéfique pour la collectivité. Rentre dans une telle dénomination la spéculation, car acheter un bien pour le revendre tel quel plusieurs fois son prix en limite l'acquisition par le plus grand nombre de consommateurs ou d'utilisateurs.

Revenons un instant sur notre manufacturier que la taxe à la valeur ajoutée a sauvagement appauvri en comparaison de ce distributeur surfant sur la vague de la mode et la sueur des ouvriers chinois. Partant de l'hypothèse que ces deux sociétés ont les mêmes dépenses commerciales, que nous sortirons du champ de notre démonstration pour simplifier, examinons les frais de personnel dans le domaine de la production. Zéro pointé pour le distributeur que la seule vue d'un atelier empêche de dormir ; très jeune il faisait déjà des cauchemars où défilaient les syndicats français. Habitué à l'usage républicain des grèves, dès son inscription dans le secondaire, le courageux producteur a inscrit sur son dernier compte d'exploitation, 300.000 euros de salaires et 150.000 euros de charge sociales.

L'équité voudrait que le manufacturier, créateur d'emplois, puisse défalquer 150.000 euros de charges sociales des 200.000 euros de TVA à collecter sur ses ventes. Le distributeur, quant à lui, ne pourrait retrancher aucun montant en remplissant sa déclaration. Imaginons quelques instants les retombées morales et économiques d'un tel dispositif. Le travail au noir chuterait prodigieusement ! Les salaires ainsi que les charges salariales et patronales seraient déclarés puisque les déductions de TVA devraient être équivalentes aux paiements effectués auprès des organismes collecteurs. Les tricheurs paieraient plein pot la taxe en question.

Il serait même possible d'étendre le concept aux ménages si une TVA sociale était introduite. Les particuliers se verraient rembourser les charges réglées pour les emplois à domicile : jardinage, ménage et amélioration de l'habitat notamment. Le problème du travail non déclaré trouverait ainsi une solution intelligente ; les employés de maison cotiseraient tous aux régimes de retraite et d'assurance-maladie.

Mais arrêtons de rêver et revenons sur terre afin de pouvoir aborder dans les meilleures dispositions possibles l'ultime phase de la désillusion masquée : l'industrie de l'assistanat. La déception a ses raisons que la raison ne connaît pas lorsque l'estomac est plein. Par contre, une panse vide digère mal les bilans cachés et les jeux du cirque médiatisés à outrance. Elle manifestera alors son impérieux désir d'obtenir les mêmes privilèges que les élus. Ceux-ci, dans l'espoir de conserver le pouvoir, vont lui offrir le minimum vital sous la forme d'innombrables aides et subventions dont le coût pour la nation va s'avérer cataclysmique.

Chapitre 6

L'industrie de l'assistanat

En occultant leurs bilans dans les arènes de la diversion, les formations politiques accélèrent le processus de décomposition de la société française. L'exemple vient toujours d'en haut ; cet adage explique pourquoi la dissimulation de la réalité incite tant d'électeurs à revendiquer leur part d'un superbe gâteau, dénommé assistanat. Les libéraux, rebutés par l'action de l'État, ne sont guère disposer à mendier des aides qui gonflent les déficits publics. On leur pardonne ; leurs impôts financent, ne l'oublions pas, la générosité des élus. Par contre les assistés de la république socialiste, au nom du principe d'égalité, réclament le même traitement de faveur dont bénéficient les élites électorales : obtenir un train de vie confortable, sans créer la moindre richesse pour la nation.

Soucieux d'exploiter tous les filons de la naïveté puérile, les élus se sont souvenus que les jeunes chômeurs épanouis savaient vivre comme des coqs en pâte au crochet de leurs parents avec un culot de « rooster » chevronné. Ceux-ci s'attribuent des privilèges réservés aux membres des basses-cours royales. Levés au mieux vers midi, ils ingurgitent le déjeuner familial et se recouchent aussitôt. Ils se doivent d'être frais et dispos pour affronter la première activité pénible du jour, l'apéro en soirée avec les copains de toujours.

Ayant trop bus et dépensés avant la nuit tombante, ces ados assistés passent en coup de vent au beau milieu du dîner pour réclamer une rallonge financière à des éducateurs hors pair et qui, ne pouvant prévoir la présence de leur progéniture à la table du souper, bouffent des restes en permanence. Après une brève tractation et les indispensables euros en poche, les voilà fin prêts à rentrer dans la vie active, généralement une teuf s'achevant aux lueurs de l'aube.

Bien au chaud dans le cocon familial, ces assistés familiaux n'abandonnent pas leur nid douillet avant la fin d'interminables études en raison des nombreuses tentatives pour dénicher la bonne orientation pédagogique qui leur échappe puisque les apéros géants et les soirées techno freinent abusivement leur ardeur estudiantine.

De tels souvenirs constituent une inépuisable source d'inspiration pour la classe politique qui recherche une solution au problème des illusions perdues de l'électorat. Il suffit de conserver les mêmes fondements de l'irresponsabilité : la collectivité remplace alors les parents négligents et le passage dans la vie active s'effectue sans douleur puisque restent gratuits le logement, le transport, les soins médicaux, les études et les loisirs. Entre 1968 et 1981, les syndicats français ont ardemment préparé le terrain de l'assistanat généralisé dont les principes furent habilement exploités par François Mitterrand pour accéder puis se maintenir à la tête de l'État.

Dans tous ces choix politiques, le premier président socialiste de la Cinquième République s'inspirait de cette remarquable observation de Winston Churchill : « *Christophe Colomb fut le premier socialiste, il ne savait pas où il allait, il ignorait où il se trouvait et il faisait tout çà aux frais des contribuables* ».

Soucieux de ne point plagier un représentant de la fière Albion, une nation colonisée par les États-Unis, l'oncle Sam français, dit Tonton, décida d'innover pour être mondialement reconnu comme le fondateur du « Néo socialisme ». Une ambition difficilement réalisable lorsqu'on est marqué à la culotte sur le terrain du jeu électoral par ses équipiers staliniens et maoïstes du Parti Communiste.

Ayant appris quelques rudiments d'économie libérale grâce aux exhortations du Conseil National du Patronat Français (CNPF), François Mitterrand comprit que la loi de l'offre et la demande s'appliquait comme un gant au marché noir des bulletins de vote. Les voix des électeurs furent achetées au prix fort mais, soyons bons joueurs, seul le résultat compte. La Gauche put se maintenir au pouvoir et rendit un vibrant hommage à son guide suprême en ces termes : « *Pour se faire élire, il ne savait ni pourquoi, ni combien il dépensait et à qui il donnait, mais il faisait tout çà avec l'argent des futures générations de contribuables* ».

Combien de citoyens profitent-ils de l'assistanat et à quel coût pour la société ? Peut-on calculer le montant total des aides que reçoit individuellement chaque foyer fiscal ? Personne ne le sait dans le détail car ce sont des sujets politiquement tabous, qu'il nous faut essayer néanmoins de chiffrer dans leurs grandes masses, sur la base des dotations de 2010, pour en comprendre l'impact sur la déchéance de la France.

Il est communément admis que l'assistanat regroupe toutes les aides permettant à une personne physique de dépasser le seuil de pauvreté dans un secteur d'activité où le dumping social et écologique n'a pas d'incidence. Aux soutiens financiers, doivent s'ajouter les faux emplois si l'on veut obtenir une vision complète de l'ensemble des formes d'aumône étatique.

L'employé licencié réclamant une compensation en raison d'une compétitivité inéquitable que l'État refuse de combattre n'est pas assimilable à un assisté. Par contre, un tel qualificatif concernera un citoyen réclamant l'intervention des élus alors qu'il est en mesure d'occuper un emploi dans une entreprise confrontée à une saine concurrence. Trop facile de justifier l'assistanat sur la base des importations à bas prix ! Tout d'abord, les États devraient fermer leurs frontières aux produits fabriqués sans aucune éthique sociale ou écologique. Ensuite, l'activité de proximité, comme l'artisanat et le commerce local, génère environ 70 % du Produit Intérieur Brut d'un pays.

Les industriels du chômage, en l'occurrence les syndicats, font remarquer que le bénéficiaire d'un revenu d'insertion qui est parvenu à obtenir un job crée de la richesse. À court terme, un tel diagnostic s'avère fondé. Un assisté exerçant une activité rémunérée contribue à produire des biens ou services dont la facturation dégage les revenus puis les profits finançant l'investissement. Les subsides reviennent alors dans le circuit économique ; la Française des jeux et les familles du tiers-monde ont tout à gagner de la solidarité active.

À long terme, rien n'est moins sûr car si le travail fourni ne profite pas à la société, l'aide va détruire le processus d'innovation et plus tard l'emploi. Le cas des services municipaux illustre ce point. Face à la dégradation du chômage, les élus locaux s'investissent d'une mission divinement patronale : dénicher un petit boulot aux personnes peu qualifiées et dont le secteur privé, astreint à des objectifs de compétitivité, ne veux pas.

Un enfant ne peut plus aller à l'école sans être aujourd'hui encadré par plusieurs professionnels de la traversée des passages piétons en milieu hostile. En milieu urbain, une voiture reste sous la constante surveillance d'un contractuel ravi de papillonner dans un environnement où le déficit en places de stationnement reflète l'incompétence des maires.

Aucune valeur ajoutée n'est à attendre de telles initiatives. L'éducation des bambins ne s'améliore pas ; les parents délaissant l'apprentissage des gestes vitaux de la vie quotidienne. Les conducteurs ne peuvent toujours pas se garer ; le produit des contraventions étant affecté à des investissements autres que le stationnement.

Les effets pervers de l'assistanat local se font vite sentir. Le commerce de proximité voit fuir ses clients vers des centres commerciaux plus accessibles. Obnubilés par le besoin de plaire aux assistés, les municipalités sous-investissent dans l'urbanisme et deviennent incapables d'éliminer ces calamités, comme le stress et l'insécurité, qui génèrent des coûts insupportables pour la société.

En analysant dans le détail les raisons pour lesquelles une personne ne peut vivre décemment, on constate en général deux cas de figure : soit la compétence interdit de créer une valeur ajoutée compétitive soit le salaire obtenu n'est pas en adéquation avec le mode de vie. En 2010, la France comptait environ sept millions de personnes confrontées à un manque d'aptitudes compétitives ouvrant la porte à un emploi durable. Aux deux millions et demi de personnes inscrites au Pôle Emploi, il faut ajouter deux millions de salariés aidés ou en formation, un million et demi de collaborateurs occupant involontairement un emploi à horaire réduit et un autre million de fonctionnaires embauchés afin d'afficher un taux de chômage acceptable par l'opinion publique.

Cette même année, l'assurance chômage collectait trente et un milliards d'euros et enregistrait un déficit avoisinant les six milliards d'euros, soit 16 % des cotisations perçues ! L'État et les collectivités locales dépensaient environ trente-cinq milliards d'euros pour subventionner les emplois du secteur privé et un autre vingt milliards d'euros afin de payer ceux, sans réelle utilité, de la fonction publique dont les sureffectifs, selon l'OCDE, frôlent le million de fonctionnaires.

Une simple sommation donne le vertige : les aides inventées par les élus pour lutter contre l'inadaptation des compétences au marché du travail, se chiffrent à environ cent milliards d'euros, une somme équivalente à 40 % des recettes annuelles du budget de l'État. Ceci signifie que tous les vingt ans, la France s'interdit de refaire à neuf l'ensemble des infrastructures vitales pour son avenir. Au lieu d'investir dans la compétence, les pouvoirs publics paie cash l'incompétence générée par l'assistanat.

Les élus nagent en pleine perversité électorale ; ils se sont faits à l'idée fausse selon laquelle il ne peut y avoir de travail pour tout le monde et que, dans ces conditions, leur mission est de subvenir aux besoins des sans-emploi disposant d'un droit de vote. Une totale aberration vu la dégradation des infrastructures et de l'environnement. Ce n'est pas la Bretagne, totalement polluée par les nitrates, qui contredira une telle évidence.

Plusieurs millions de logements, des milliers d'écoles, des centaines de centres médicaux ou hospitaliers et des dizaines d'universités sont à reconstruire ou à bâtir rapidement étant donné leur inadéquation à la demande et à l'écologie. La destruction des édifices défigurant la France pourrait aussi contribuer à faire reculer le chômage de manière décisive.

Pour accroître la population des assistés à un niveau susceptible d'assurer leur réélection, les partis de Gauche ont ouvert les vannes de l'immigration. La stratégie consistait à anéantir l'attractivité financière du travail manuel en le confiant aux immigrés puis à embaucher le maximum de fonctionnaires dont l'ancrage socialo-communiste n'est plus à démontrer. En vingt ans, près de deux millions d'étrangers non qualifiés sont ainsi entrés sur le territoire national dont plus d'un tiers sans papier.

Rien n'a été entrepris pour faire en sorte que cette population, ni désirée ni nécessaire à l'économie française, puisse participer à un processus de création des richesses qui offre un avenir aux générations futures. Au lieu de relancer certains secteurs économiques, tels le bâtiment et les travaux publics, où l'immigration aurait pu rendre service à cause de sa technicité limitée, l'État a privilégié la spéculation foncière, très rémunératrice pour ses finances, mais fatale pour la compétitivité, la modernisation et l'urbanisme de la France.

L'absurdité d'une telle politique a produit l'inévitable : les niveaux scolaires ont chuté de manière inquiétante et les emplois qualifiés sont devenus aussi rares que le caviar. Trouver un couvreur, un plombier, un maçon ou un électricien disponible relève de l'exploit dont on se vante dans les salons bourgeois.

En faisant les comptes, on constate que sept millions de sous-qualifiés se partagent environ cent milliards d'euros, soit une allocation par bénéficiaire proche de quinze mille euros en 2010. Un tel montant représente presque cinq fois le salaire moyen annuel brut d'un travailleur chinois, qui lui crée de la vraie richesse pour son pays. Les entreprises sont contraintes de délocaliser ; quitte à mettre la main au porte-monnaie autant le faire pour produire à l'étranger, ce qui évite de remplir le panier percé des aides que dilapide l'État. Les banques s'enrichissent alors grassement avec les importations, sources de flux monétaires leur procurant des revenus bien plus attractifs et sûrs que ceux des prêts consentis aux entreprises locales pour investir.

À long terme, les cotisations chômage privent les salariés de leurs retraites. Si elles n'existaient pas, chaque actif pourrait verser, à titre volontaire, 7 % de sa rémunération dans un régime de pension par capitalisation pendant quarante ans. De quoi finir ses vieux jours avec une rente des plus confortables, à même de soutenir la consommation et par conséquent l'emploi.

La seconde cause d'impécuniosité tient au fait que le travailleur français est pris en tenaille entre le niveau de vie qu'il désire et le salaire que la compétition mondiale lui autorise à ambitionner. Une rapide sommation des aides octroyées pour aligner les rémunérations sur le coût de la vie envoie le contribuable au peloton d'exécution de la dette publique.

Avec le gain du prochain scrutin pour seul objectif, les partis politiques ont, en 2010, fait payer quelques 50 milliards d'euros de découvert permanent à la collectivité. Cette année-là, l'assistanat a donc, au total, coûté l'équivalent d'environ 60 % des recettes de l'État. Ce ratio bondit à 80 % si l'on rajoute les 45 milliards d'euros du coût de la dette générée par le financement à crédit d'une politique sociale irresponsable. Au total, 190 milliards d'euros ont ainsi été consacrés aux assistés de la république française. Une politique aberrante qui n'inquiète nullement les élus car la réussite d'une stratégie assistanat exige de dissimuler subtilement le coût des prestations à ceux qui n'en bénéficient pas.

Prenons le cas de la gratuité des transports en Ile-de-France, réservée aux demandeurs d'emplois et aux citoyens en dessous du seuil légal de pauvreté. Un président de région masque sa turpitude en toute quiétude puisque 80 millions d'euros noyés dans une dotation annuelle de 4 milliards passent inaperçus auprès des contribuables.

Quelques 100.000 électeurs franciliens se voient ainsi attribuer une faveur électorale qui ne figurera jamais dans les comptes de campagne d'un parti politique. Au nom du « *droit à la mobilité* », ce très beau travail en matière de détournement des fonds publics restera bien évidemment impuni.

Chaque transfert de richesse vers un assisté suit un cycle immuable. Dans un premier temps, la mutualisation est présentée comme la solution équitable par excellence car elle est censée répartir le bien-être entre tous les citoyens. Elle s'opère au moyen d'allocations et d'emplois partagés autorisant les indigents à bénéficier de prestations réservées aux catégories sociales plus aisées.

La population des bénéficiaires d'une mesure d'assistanat étant systématiquement sous-évaluée, tout mécanisme de redistribution s'essouffle rapidement. Un afflux imprévu d'invités au buffet de la pauvreté impose des choix cornéliens pour répartir la pitance de subsistance : réduire les quantités servies, la durée des festivités ou l'accès à la réception. Afin d'éviter que les portions congrues ne deviennent trop incongrues, les élus doivent se résoudre à offrir des aides dégressives, limitées dans le temps et réservées aux citoyens les plus intéressants, électoralement parlant. Lorsque l'assisté ne bénéficie plus des ressources offertes par la mutualisation, le transfert des richesses rentre alors dans une seconde étape : l'exonération, totale ou partielle.

Les transports deviennent gratuits, les taux bancaires se rapprochent du zéro absolu, les impôts ne sont plus exigés et les factures d'eau ainsi que d'énergie s'évaporent dans la nature. L'impact de la gratuité sur le corps électoral est considérable. Tel un consommateur en possession d'un coupon promotionnel, l'assisté exonéré de ses charges courantes s'identifie à sa marque politique de prédilection, la plus généreuse lors des campagnes électorales.

L'assistanat n'est toutefois pas au bout de ses peines, loin s'en faut. Les citoyens ayant épuisé leurs droits, ne peuvent se satisfaire d'exonérations ne procurant aucune ressource concrète. Le commerce de proximité ne bénéficie pas encore du privilège de l'État providence qui, à crédit et sans savoir comment rembourser sa dette, peut offrir des prestations gratuites pour s'attirer les bonnes grâces et la fidélité d'une clientèle.

S'instaure donc la troisième et ultime phase du transfert de richesses : la donation du minimum vital. Les miséreux doivent absolument rester cantonnés dans une indigence conviviale sans changer de parti, le gain de la prochaine échéance électorale est à ce prix. Leur sont réservés des revenus en hommage à l'insertion solidaire et dont les multiples dénominations, aussi variées que les couleurs politiques, occultent sciemment la nécessité de finalement rétribuer l'incompétence au détriment de l'investissement durable dans de nouvelles compétences.

Contraintes de glaner le maximum de voix lors des élections, la Gauche et la Droite se battent comme des chiffonniers pour satisfaire la moindre sollicitation d'un certain électorat monnayant au prix fort son bulletin de vote. Décidées à bien cibler les aides requises, elles élaborent des études marketing à faire pâlir d'admiration les meilleures publicitaires. L'électeur remplace le consommateur mais la démarche poursuivie reste identique : créer une dépendance émotionnelle envers le fournisseur d'une prestation.

Certains domaines d'intervention étatique n'offrent guère d'opportunités d'assistanat en échange d'une conviction politique le temps d'un scrutin car leurs ressources ne profitent pas directement aux électeurs. Par exemple, les armées et la diplomatie rétribuent principalement ceux qui assurent la sécurité. La justice s'inscrit dans cette logique ; elle n'apporte une assistance que si le justiciable démontre son incapacité financière à défendre ses droits.

On remarquera que les missions à faible potentiel d'assistanat, mais pourtant indispensables au maintien de la démocratie, reçoivent toujours des dotations budgétaires de misère. À l'inverse, les domaines du service public facturant leurs prestations font l'objet de toutes les convoitises politiques puisque les recettes collectées sont facilement détournées de leur objectif premier pour apporter un soutien indu à ces catégories sociales dont dépend le sort d'une élection.

La santé, l'éducation, les transports et le logement sont de véritables mines d'or de la dépendance électorale envers les élus. Les formations de gauche ont fait main basse sur ces domaines qu'elles protègent vaillamment au moyen d'une arme interdisant au secteur privé la moindre incursion dans leurs chasses gardées : le droit de grève pour la défense du service public.

Soutenus par des partisans fauchés comme les blés dans une morne plaine, les corbeaux socialo-communistes ne survivent uniquement que par le détournement légal des prélèvements obligatoires et se disputent âprement le fromage de l'assistanat que convoitent également les renards à Droite. Ne voulant pas lâcher leurs proies, ils utilisent les fables de la désinformation pour maintenir le bon peuple dans l'ignorance la plus totale quant aux funestes conséquences de l'État providence et du service public, qui à lui seul génère 90 % des jours de grève sur le territoire national.

Depuis les années cinquante, l'union de la Gauche ne s'est réalisée que très rarement car la lutte pour le partage du fromage est fratricide. Seul François Mitterrand y est parvenu ; sa vision égalitariste de la concussion répondait à merveille aux aspirations des élus, toutes tendances confondues. L'entente est plus aisée lorsque la présidence de la république organise elle-même le partage du butin.

Pour réussir leur stratégie, les entreprises privées ne se contentent pas de cibler les marchés à forte croissance ; elles définissent aussi des segments de clientèle dont les modes de vie correspondent aux offres proposées. Les partis politiques font pareil en différentiant les populations d'électeurs pour mieux exploiter le filon de la dépendance. Entre l'assisté épisodique et le mendiant chronique, l'erreur d'assistance est interdite sous peine de déplaire à l'un comme à l'autre.

De longue date, l'Éducation Nationale française est manipulée par la Gauche qui a su voir en elle un domaine idéal pour asseoir sa main mise sur un important segment d'électeurs. Personne n'a été oublié : transmission d'une idéologie périmée aux élèves, recrutement de professeurs sur la base de leurs sympathies politiques, détournement de fonds au profit des partis frères, octroi d'avantages défiant toute concurrence aux enseignants, gestion des carrières entre les mains des organisations représentatives du personnel et encadrement de la pensée unique par le syndicalisme étudiant.

Considérons le poids de cette institution lors d'un scrutin. Phénoménal ! Au million de professeurs peuplant les écoles, collèges, lycées et universités, s'ajoutent des centaines de milliers d'étudiants assistés après dix années d'études au minimum, des dizaines de milliers de syndicalistes en charge d'encadrer l'égalitarisme ainsi que des milliers d'entreprises locales dont les pratiques de surfacturation font le bonheur des élus.

Au total, la fonction publique fédère près de quinze millions de votants prêts à soutenir, plus ou moins consciemment, une idéologie dépassée et qui entraîne la France vers un effondrement comparable à celui de l'Union Soviétique dans les années quatre-vingt. Et dire que la Droite française s'étonne naïvement de perdre les élections régionales, communales et cantonales où se pressent les familles de fonctionnaires et les laissés pour compte de l'État défaillance.

Une dépendance durable envers une institution exploite les faiblesses prédisposant un être humain à rechercher un réconfort. En général, celui-ci reconnaît ses défaillances en se focalisant sur trois concepts : un symbole, un rite et un mythe. Les religions ont été les premières à exploiter ce raisonnement, d'où l'incroyable pouvoir qu'elles exercent sur leurs fidèles. Par exemple un croyant sera invité à rejoindre un lieu de culte (le symbole) pour expier un péché (le mythe) dans le but d'obtenir le pardon (le rite).

Par respect pour la laïcité, les élus français se sont abstenus de se référer aux faiblesses que les religions condamnent pour définir le profil idéal de l'assisté. Une autre piste fut explorée et a démontré que les troubles de la libido électorale procurent une explication plus universelle de la dépendance des citoyens envers l'État. Elle repose sur le constat que le parfait assisté doit cultiver plusieurs vices avec l'aide de la classe politique, incarnant elle-même les fondements de la médiocrité.

La volonté de dominer stimule en effet chaque individu, tel un animal sauvage, à se démarquer fièrement dans sa communauté en développant des attitudes prouvant sa supériorité. Le dominant va susciter l'envie du dominé qui comprend alors que ses aptitudes lui interdisent de lutter à armes égales contre la toute-puissance. Frustré de ne pouvoir occuper la position enviable du chef, ni aujourd'hui ni demain, l'être inférieur s'enferme dans l'égoïsme en protégeant ses intérêts personnels. Puis, découragé voire anéanti par sa situation de défavorisé, il perd sa raison de vivre et sombre dans une profonde paresse, la fille de tous les vices.

Orgueil, envie, égoïsme et paresse, voici quatre faiblesses humaines dont l'exploitation, au moyen d'une politique d'assistanat bien ciblée, vous fait remporter une élection dans un fauteuil. Rares sont les piliers de la vie politique parvenant à maîtriser simultanément tous les vices du parfait assisté. Inévitablement, les partis d'extrême gauche, communiste et socialiste auront toujours besoin de se faire aider par les syndicats.

En une législature de cinq ans, un député ne pourra jamais acquérir l'expérience d'un syndicaliste chevronné, parvenu au summum de la médiocrité assistée, après plusieurs décennies de dures revendications. Cette incapacité chronique explique les divisions permanentes de la Gauche française dont les leaders défendent séparément leur propre chapelle en matière de dépendance électorale.

En France, le mouvement de l'orgueil socialiste est actuellement animé par la championne de l'assistanat, mondialement connue suite à un exploit technique jamais réalisé dans une démocratie : permettre aux inactifs d'obtenir une meilleure qualité de vie que celle des actifs occupant un emploi peu qualifié. 35 heures par semaine, ce leader réanime les nostalgiques du Mitterrandisme, toujours si fiers vingt ans après d'avoir contribué à la faillite de leur pays. En parfaite osmose avec ses électeurs dont elle partage la négation de l'échec, elle rabâche les mêmes recettes périmées que moquent les nations ayant réussi à réformer leur service public.

Au sein du Parti Socialiste, transformé en perchoir de poulailler, où paradent quelques jeunes coqs castrés par la vanité de leur guide suprême, la jalousie rôde et taraude une bécasse qui, excédée par son statut de poulette de second rang, va créer sa propre mouvance consacrée à l'envie. Notre volatile, écarté pertinemment de l'élite à cause de ses piaillements incessants, transfère la convoitise que suscite le chef de son parti, vers son électorat. Stratégie payante, car la France est réputée pour sa jalousie maladive. Une nouvelle tendance politique va donc prospérer, dans l'ombre sournoise des structures officielles, en ralliant à sa cause les électeurs dépités de vivre avec moins de quatre mille euros par mois, ce seuil de l'insupportable fortune au-dessus duquel un socialiste peut légitimement briguer la richesse des autres.

Face à l'échec des stratégies élaborées pour satisfaire orgueil et envie, l'égoïsme s'installe au sein de la Gauche. Le temps du chacun pour soi arrive comme un cheval au galop cravaché par une opposition ravie de faire retourner casaque aux meilleurs jockeys de la justice sociale. Un leader a voulu s'extraire du peloton pour diriger la mouvance très convoitée des faux-culs égoïstes. Abandonnant ses concitoyens, en proie à une insoutenable récession, il se réfugia dans les bas-fonds monétaires d'une institution étrangère parmi les plus prestigieuses. Quel bonheur de penser en milliards de dollars et d'être entouré de collaboratrices ouvertes aux avances en liquide, échappant ainsi aux bassesses matérielles et aux mauvais coups de la rue de Solferino.

Ravis des revers subis par leurs confrères orgueilleux, envieux ou égoïstes, certains élus dédient leur carrière à la paresse. Très peu réussissent car il leur manque cet éclair de génie consistant à projeter, chaque jour et auprès de tous les médias, une image de branleur inébranlable dans le seul but de flatter les tire-au-flanc. Le parti socialiste ne détenait pas ce diamant brut capable de porter la flamme de l'oisiveté dans les usines, les bureaux et les champs. Par contre, l'extrême gauche a déniché ce joyau non pas au fond d'une mine mais à La Poste qu'il a éclaboussée de son immense talent en déclinant humblement sa nomination à la présidence de l'entreprise.

L'honneur de cette découverte rarissime revient à un apparatchik du léninisme français qui par hasard, en mariant sa fille, s'est aperçu que son gendre avait le profil idéal pour remobiliser les électeurs dont la confiance dans la valeur travail s'était évanouie depuis belle lurette.

Quatre grands leaders de la Gauche française symbolisent chacun à leur manière les pulsions du parfait assisté, disposant alors d'un point de repère aussi utile que le clocher d'une église ou le minaret d'une mosquée pour exprimer sa foi envers l'État. Quelle fierté d'appartenir à une nation où les emblèmes de la médiocrité se dressent telles des cathédrales dans le paysage électoral, invitant les pèlerins de l'assistanat à poursuivre leur grande marche avec la même ferveur que Mao Tsé Tong se rendant à Saint Jacques de Compostelle.

Restent cependant à définir les mythes et les rites où vont se reconnaître les assistés et sans lesquels l'incompétent ne percevra jamais l'intérêt de rejoindre une formation politique, même si celle-ci est symbolisée par une personnalité incarnant parfaitement son aspiration.

Contrairement à la fierté qui exclut le besoin de se mesurer aux autres ou de les rabaisser, l'orgueil porte atteinte à la considération due à autrui. Le mythe du travail sous-payé incite l'assisté vaniteux à prouver que le montant de ses aides est supérieur au salaire de misère que procure un emploi régulier.

Les besoins vitaux de chaque citoyen méritent à ses yeux le soutien actif de l'État, mais pas à n'importe quelle condition. Se loger, faire et élever un enfant, se soigner, partir en vacances, s'occuper de ses parents ; que de lourdes responsabilités impossibles à endosser seul, sans de substantielles allocations.

L'immigration fournit à la France un inépuisable réservoir de citoyens que l'orgueil jette dans les bras de l'assistanat. Le tiers-monde, financièrement exsangue, n'offre plus les avantages dont disposait autrefois tout valeureux guerrier ou chef de village. La désertification, la pauvreté et la corruption chassent de leurs habitats naturels les polygames qui sont désormais incapables d'entretenir plusieurs épouses. Le socialisme à la sauce française s'est empressé de les accueillir en leur concoctant une série d'aides rétablissant leur fierté tribale et dont profitent des mères sans emploi pour convertir leurs enfants à l'idéologie des allocations familiales dès leur plus jeune âge.

L'indigène fuyant son pays par peur de combattre pour la démocratie est invité à faire valoir son statut de réfugié politique. Cette décision courageuse, lui ouvre la porte à une série d'aides sur mesure qu'une armée d'assistantes sociales, payées par le contribuable, vont gérer aux petits oignons. Un superbe cadeau de bienvenue pour cet immigré téméraire, sous la forme d'une corbeille garnie où l'on retrouve entre autres la couverture médicale universelle et l'aide médicale d'État.

Loin d'être paresseux, l'assisté orgueilleux suit un rite immuable ; il fait le siège de toute caisse prête à satisfaire son insatiable quête pour le top du top en matière de subventions. Il vérifie ses relevés de prestations au centime près et s'inspire des avis prodigués par ses confrères qu'il rencontre régulièrement aux guichets du Loto ou du PMU. Son sérieux inspire les élus qui vont innover pour satisfaire ses nouveaux besoins.

Grâce à l'assisté orgueilleux, l'allocation familiale de base s'est enrichie et comporte aujourd'hui un fabuleux catalogue d'aides complémentaires : Aide Premier Logement, Aide Parent Isolé, Couverture Médicalisée Universelle, Aide de Rentrée Scolaire…

Un électeur, appartenant à une mouvance politique dont la mission prioritaire est de gérer une redistribution aussi salutaire que permanente entre les riches et les pauvres, ne saurait confondre jalousie et envie. La première de ces deux émotions est empreinte de l'agressivité que génère la peur de perdre un être aimé ou l'exclusivité de son amour. La seconde fait uniquement référence au désir intense de posséder le bien d'autrui. L'envieux utilise un vocabulaire volontairement trompeur pour affubler les personnes compétentes d'une image négative de nanti. Refusant l'idée qu'un citoyen issu d'une famille dite modeste puisse réussir, sa dialectique assimile le riche à un noble couvert de privilèges dès sa naissance.

Trompés par le train de vie « *bling bling* » des « *people* », qu'ils surveillent dans la presse à ragots pour entretenir leur ressentiment, les assistés envieux ne peuvent établir une relation causale entre l'incompétence et la pauvreté. Ils n'obtiennent jamais grand-chose des élus car leurs prétentions sont notoirement indécentes. Tels des épargnants manifestant devant une banque en faillite, ils espèrent un miracle alors que les caisses sont archi-vides. Mais à leur crédit, il faut reconnaître la solidarité.

Obsédés par l'égalitarisme, ils réclament la même utopie pour tous et se rallient d'un commun accord à une personnalité politique promettant monts et merveilles avec cette candeur qui va droit au cœur des bas salaires. Pour contrecarrer les coups plus que tordus de l'extrême gauche, soutenue historiquement par les syndicats, le Parti Socialiste rechercha une nouvelle Jeanne d'Arc. Sa mission aurait consisté à protéger les intérêts des envieux, en combattant sans merci l'opulence dont font preuve les patrons cupides des entreprises anglo-saxonnes.

Le Front National ayant mis le grappin sur notre héroïne nationale, les socialistes, nullement découragés par ce revers du destin, se dégottèrent une nouvelle égérie à l'image irréprochable : Bécassine, dont les apparitions électrisent les meetings électoraux avec cette ferveur qu'inspiraient autrefois les visions de Bernadette Soubirous.

L'envieux évite les guichets des organismes sociaux gérant top individuellement la solidarité. Il excelle dans l'art de la grève en exerçant une insoutenable pression sur la collectivité au meilleur moment. Pour cette raison, il se sent très à l'aise dans les ministères et les entreprises publiques où le moindre arrêt de travail provoque le chaos économique.

De tous les assistés, l'envieux est certainement le plus nuisible car il s'appauvrit inexorablement en emportant dans sa déchéance ses compagnons d'infortune sans le moindre remord. A la recherche du « *toujours plus* », ce jackpot payé par des riches introuvables, il campe sur ses positions jusqu'au bout, nullement angoissé par les délocalisations, les faillites d'entreprises et l'insupportable qualité de service dont souffre l'image de la France.

L'égoïste assisté prend les droits qui lui reviennent et en abuse outrageusement. Il se situe dans une mouvance du type centre gauche, une tendance très disputée car particulièrement propice aux faux-culs. Dans un précédent chapitre, nous indiquions en effet que les libéraux accommodants peuvent basculer quasi-incognito dans le camp des socialistes conciliants et vice versa. Transformé en véritable girouette électorale par la pulsion que provoque l'égoïsme, l'assisté renie ses convictions dès qu'il perçoit le moyen d'obtenir un avantage indu.

La couleur politique des aides ne dérange nullement l'égoïste ; il fait confiance à la Droite comme à la Gauche pour préserver son bien-être. Se fabriquant une image de probité conforme au leitmotiv de son parti, il privilégie l'assistanat sur mesure. Lorsqu'on lui reproche de contourner le règlement à son profit, il se dit agréablement surpris de pouvoir bénéficier d'un privilège dont il en méconnaissait l'existence.

L'un des rites favoris de l'assisté égoïste consiste à prendre ses congés. Après une savante conversion de toutes ses cotisations salariales en journées de travail abandonnées à la collectivité, il récupère minutieusement les charges prélevées sur sa feuille de paie. Chaque année, il prend son mois de sécurité sociale et épuise son crédit d'absences pour motifs personnels. La moindre dispense pour cause de maternité, paternité ou décès n'échappe jamais à son extrême vigilance, dont il fait aussi preuve pour s'éclipser lorsque les jours fériés tombent judicieusement en milieu de semaine.

Il est un autre rite où l'assisté égoïste vraiment excelle : le détournement des aides conçues pour soulager les victimes de l'injustice qu'engendrent la maladie et la précarité. Un invalide, qui devrait théoriquement recevoir un revenu décent d'insertion et un logement à loyer modéré, va tomber de son fauteuil roulant ou laisser choir ses béquilles de stupeur lorsqu'il découvrira que des profiteurs en pleine santé ont fait main basse sur les ressources qui lui étaient destinées.

Dans la famille des égoïstes, les assistés les plus aisés deviennent des experts en niche fiscale et, à contre cœur, voyagent fréquemment dans les paradis financiers. Leur aptitude à éplucher les moyens légaux d'éviter l'impôt est à la hauteur de la véhémence dont ils font preuve face aux élus pour vanter l'utilité des prélèvements obligatoires. Lorsqu'un membre d'une profession libérale se déclare séduit par le socialisme, redoublez de vigilance, vous avez sans doute devant vous un androïde appartenant à la planète des assistés égoïstes !

Nul ne naît paresseux, tout être le devient, victime de sa schizophrénie naturelle que déclenchent inéluctablement les souffrances de la vie. Bon nombre d'assistés, qualifiés d'oisifs dans leurs entreprises, débordent d'énergie pour travailler au noir et se livrer à leurs loisirs préférés. Ceci prouve bien que le repli sur soi, suite à une désillusion personnelle, crée ce découragement qui suscite l'envie de ne rien faire puis le manque d'envie de faire.

Contrairement à la croyance populaire, les assistés oisifs ne sont ni les plus nombreux, ni les plus nuisibles. Pourtant on ne cesse de les mépriser pour une simple mais abjecte raison : ils sont aisément repérables. La moindre file d'attente dans une administration ou une entreprise publique génère des moqueries à leur encontre et leur colle une étiquette aussi raciste qu'une certaine étoile pendant la seconde guerre mondiale.

Le paresseux obéit à un rite dont le cycle est parfaitement rythmé par le métronome de l'assurance chômage. Il travaille juste ce qu'il faut pour percevoir ses droits, les épuise en s'arrêtant d'occuper un emploi, reprend une activité rémunérée, puis à nouveau cesse sa relation avec le monde des actifs ; et ainsi de suite jusqu'à l'âge béni de la retraite. Son inconscience est similaire à celle des assistés égoïstes les plus performants ; il n'exprime aucun remord de voler aux victimes des licenciements et délocalisations les aides qui devraient leur revenir en priorité.

Le pôle emploi est son refuge de prédilection. Il le visite régulièrement, fermement décidé à prouver que le poste qu'on lui offre est indigne de ses immenses capacités, injustement méprisées par des patrons recherchant un mouton à cinq pattes, en réalité un salarié respectant les horaires et content de servir les clients. Trop c'est trop ! Face aux inconcevables prétentions des employeurs, l'assisté paresseux sombre dans une dépression que seule peut guérir le petit noir ou blanc pris au comptoir d'un café de proximité.

Comme évoqué auparavant dans ce chapitre, les élus sponsorisent plus qu'ils ne pilotent réellement l'assistanat. Pour se démarquer de leurs adversaires politiques, ils ciblent en effet les populations d'assistés les plus prometteurs mais laissent aux partenaires sociaux le soin de diriger l'État défaillance.

Formés pendant des décennies à cultiver simultanément l'orgueil, l'envie, l'égoïsme et la paresse, les syndicalistes sont beaucoup plus crédibles lorsqu'il faut défendre les travailleurs. Se faisant, ils se heurtent néanmoins au souhait des élus de faire reculer le chômage, sous peine de perdre la prochaine élection. Lorsque la Gauche française arrive au pouvoir, s'en suit alors un inévitable statu quo. Les députés socialo-communistes, qui pilotent la politique nationale de l'emploi, ne peuvent décemment s'opposer aux mesures absurdes d'assistanat dont dépend la survie financière des syndicats. Il devient alors urgent de ne surtout rien changer.

Petite réflexion philosophique au passage : toutes les mouvances politiques dont la « libido électorale » est tragiquement perturbée par les élus se radicalisent puis finissent par se détruire. Prenez le cas du capitalisme, incarné par les États-Unis, et de l'islam qui se haïssent en dépit des démentis rassurants des chefs d'État et des mullahs. Le premier se déclare par orgueil le gendarme de la planète, lorgne avec envie sur les ressources des pays du tiers-monde, en proie à l'égoïsme dénie l'impact de sa cupidité sur la misère humaine et vit paresseusement de ses rentes que la spéculation boursière finance sans aucune éthique. L'islamiste méprise fièrement la religion de l'infidèle, jalouse puis massacre ses propres frères issus d'une autre branche, nie égoïstement les conséquences de sa barbarie et survit grâce au monopole du pétrole.

Rien n'interdit de mettre fin à l'assistanat en inscrivant deux principes dans le préambule de la constitution française : le droit opposable à un salaire décent et l'obligation de déclarer l'ensemble des aides reçues comme toute autre forme de revenu. Le bon sens voudrait en effet qu'un salarié puisse directement recevoir une rémunération convenable au lieu de se voir octroyer le strict minimum, complété par une redistribution des richesses sous la forme d'aides sociales.

Le salaire minimum interprofessionnel garanti est une aberration destructrice d'emplois. Entre un parisien et un campagnard au fin fond de l'Aquitaine, les disparités du pouvoir d'achat sont criantes. Commençons par la capitale française. Quel serait en 2012 le revenu net requis pour un salarié habitant au pire à une demi-heure de son lieu de travail, sachant que mensuellement le logement, un studio en l'occurrence, revient à 400 euros en proche banlieue, la nourriture et l'habillement à 300 euros, la voiture à 400 euros, les autres charges fixes à 200 euros et les divers impôts à 100 euros ? Faites un simple calcul, en dessous de 1.400 euros net, soit 1.800 euros brut, un célibataire travaillant à Paris crève la dalle. Déménageons un instant dans le sud-ouest. Pour trois cents euros un studio fait l'affaire, les vêtements s'achètent en Espagne pour beaucoup moins cher, le temps clément réduit les dépenses d'énergie et les taxes sont raisonnables. Avec 1.100 euros net, soit 1.400 brut, on vit convenablement.

En publiant un salaire minimum de référence par zone géographique l'État non seulement rétablirait une certaine justice sociale mais inciterait les entreprises à ne pas délocaliser. Ceci implique que les pouvoirs publics puissent maîtriser l'inflation entre les régions, ce qu'ils ont toujours négligé de faire. La gestion hyper-centralisée de l'État imposée par le parti communiste dans les années cinquante a créé la même pénurie qui se rencontrait dans les anciennes républiques soviétiques à une différence majeure près ; ces dernières manquaient cruellement de biens de consommation courante, la France est aujourd'hui dépourvue d'infrastructures.

Aveuglé par la vision égalitariste de l'assistanat, l'État français s'est tellement impliqué bêtement dans la gestion de l'économie qu'il a réussi l'inconcevable : l'exclusion de millions de citoyens accablés par un coût de la vie exorbitant dû à un déséquilibre persistant entre l'offre et la demande. Dans sa lutte contre l'inflation, l'État aurait dû s'attaquer en priorité aux trois charges fixes nuisant au pouvoir d'achat : logement, voiture et télécommunication. Il n'en a rien été, bien au contraire.

Nous avions déjà dénoncé la démultiplication exagérée des élections qui portent au pouvoir ces incapables notoires dont les chances d'embauche dans le privé sont inexistantes. La Région Ile-de-France illustre parfaitement à quel point l'incompétence des élus condamne le bien-être des citoyens.

Inutile de se voiler la face, les municipalités franciliennes ont massacré leur urbanisme. Pour faire de l'immobilier qui rapporte gros à leurs partis politiques, elles ont anéanti le parc de maisons individuelles dont les coûts de construction et de fonctionnement sont pourtant très inférieurs à ceux des appartements. Les parkings souterrains, les ascenseurs et les structures de gestion, tels les syndics, grèvent lourdement le prix des logements collectifs à l'achat comme à l'usage. Ils participent à la sur-densification de l'espace urbain avec les dramatiques conséquences que l'on connaît : violence, incivisme, pollution atmosphérique, saturation des réseaux routiers et de transport en commun, détérioration de la santé…

Les maisons individuelles, quant à elles, sont peu gourmandes en énergie ; certaines d'entre elles en produisent aujourd'hui plus qu'elles n'en consomment. Entourées de jardins, elles réduisent le stress que les appartements malodorants et bruyants au contraire aggravent à un tel point que les plus grands dignitaires du pays, comme Jacques Chirac, s'en émeuvent. Dernier avantage, elles responsabilisent leurs occupants qui ne peuvent plus faire supporter les dégradations à une copropriété ou la collectivité. Au lieu de faciliter un léger surdimensionnement de l'offre de maisons individuelles, l'État a laissé les élus massacrer l'environnement en construisant des barres d'appartements dont la laideur n'a d'égal que l'inconfort.

Le désastre perdure car aucune règle stricte ne régit la conception les plans d'occupation des sols qui délaissent ainsi les zones de logements individuels, où seraient exclus les appartements et les locaux industriels. L'esthète qui, du haut d'une colline, contemple sa proche banlieue parisienne, est immédiatement pris de nausées, voire de vomissements, en découvrant une laideur urbaine inimaginable dans une démocratie moderne.

Les droits sur les ventes immobilières procurent suffisamment de ressources à l'État pour que celui-ci puisse acheter des terrains et faire construire des logements adaptés à toutes les classes sociales. En créant des zones urbaines où le foncier, contrairement au bâti, ne pourrait être vendu, les pouvoirs publics peuvent mettre sur le marché des habitations individuelles à un prix défiant toute concurrence, une saine parade à la spéculation immobilière.

Faites un rapide calcul ; la construction d'une maison individuelle de 80 m^2, de bonne qualité et pouvant accueillir quatre personnes, revient à 160.000 euros. Ce qui signifie qu'avec un prêt à taux zéro sur 30 ans, le remboursement mensuel serait inférieur à 450 euros. Actuellement, pour un montant identique, vous obtenez à Paris une chambre de bonne d'environ 9 m^2 dans un état insalubre.

L'incapacité à gérer intelligemment le foncier génère une pénurie d'habitations alimentant une inflation destructrice d'emplois. Un salarié nommé à Paris doit supporter de telles charges locatives ou d'emprunt qu'il n'est plus compétitif face aux pays émergents où le coût du logement est nettement inférieur. En indexant les loyers sur le coût de la construction, les élus parachèvent en beauté la surévaluation des prix dans l'immobilier. Les loyers des taudis parisiens augmentent ainsi chaque année sans que leurs propriétaires n'aient la moindre obligation de les mettre aux normes les plus récentes.

L'exonération des plus-values foncières sur le logement principal est un non-sens. Pour 2.500 euros du mètre carré, on peut aujourd'hui se faire construire une habitation de grande qualité par ses matériaux, son insonorisation et son bilan énergétique. Dans le cas d'un immeuble sans jardin et avec cinq étages de 100 m^2 occupés chacun par un seul propriétaire, un résident possède donc une superficie au sol de vingt mètres carrés. Lorsque la vente d'un appartement se négocie à un million d'euros, une somme très fréquente dans certains beaux quartiers parisiens, ceci signifie que le prix du foncier au mètre carré atteint 37.500 euros pour chaque proprio puisque la construction coûte 250.000 euros. L'État serait bien inspiré d'appliquer les taux d'imposition les plus élevés aux plus-values foncières, ce qui conduirait à mettre fin au matraquage fiscal assommant le travail, taxé aujourd'hui jusqu'à 49 %.

L'incompétence des élus se révèle tout aussi dévastatrice pour l'automobile, le second poste budgétaire des ménages. Conduire en Ile-de-France est une souffrance physique et économique permanente ; les routes saturées, les paysages défigurés par les tags et une pollution intolérable révoltent l'automobiliste dont les finances sont mises à mal par le coût des véhicules et des carburants que l'État surtaxent sans discernement.

Pareillement au logement, l'Ile de France n'a mené aucune réflexion sérieuse sur les réseaux routiers et les transports en commun pour éviter que plusieurs milliers de citoyens convergent, chaque jour, vers un Paris ultra-saturé. S'il fallait ériger un monument à la gloire de la bêtise politique francilienne, l'autoroute A86 mériterait un arc de triomphe. Toute une section a dû être aménagée en sous-terrain et les aéroports n'ont pas été desservis par des bretelles spécifiques. Le bon sens aurait pourtant voulu qu'une telle voie, à péage, soit réservée aux voitures individuelles et aux bus afin que les Franciliens puissent se rendre rapidement sur leurs lieux de travail.

Les taxes sur les véhicules et les carburants relèvent de l'escroquerie pure et simple car leur produit ne bénéficie que très partiellement aux automobilistes. Faisons les comptes. L'essence et le gas-oil rapportent annuellement vingt-cinq milliards d'euros à l'État et la TVA sur les véhicules neufs environ six milliards d'euros.

Le budget du ministère des transports est de quatre milliards d'euros. Les régions reçoivent six milliards d'euros. Où est partie la différence ? Mystère et boule d'angoisse ! Aucun rapport spécifique de la comptabilité publique ne l'explique synthétiquement aux consommateurs. Une aberration évoquée dans le chapitre consacré aux « *Bilans cachés* » et qui recommandait que l'État soit tenu de communiquer annuellement un compte d'exploitation pour chaque taxe supportée par la nation.

Au lieu d'imposer la mutualisation des réseaux cellulaires et de fibre optique aux opérateurs, l'État français a opéré sans stratégie mais avec opportunisme pour accroître ses recettes fiscales au détriment du consommateur. Un déploiement désordonné et un sous-investissement chronique ont engendré une sous-capacité des infrastructures dont se sont servies les télécommunications pour imposer un système de facturation surréaliste.

En effet, comment se fait-il qu'une heure de connexion forfaitaire coûtait environ 20 euros en 2010 alors que tout dépassement revenait au double toutes les soixante secondes ? Réponse à cette interrogation : une très belle arnaque avec l'entière complicité des pouvoirs publics ! À partir du moment où les coûts fixes structurels sont absorbés par les abonnements, les heures hors forfait devraient en réalité valoir moins cher, coût marginal oblige.

Laminés par les prix de l'automobile dans les années cinquante, par ceux du logement après les années soixante-dix, les contribuables subissent depuis les années quatre-vingt-dix le surcoût injustifié des télécommunications. On notera que tous les vingt ans, les élus exploitent les révolutions technologiques pour mieux dépouiller le contribuable. Le vingt-et-unième siècle débute avec une nouvelle razzia fiscale, l'écologie.

Le moral des Français ne pourra se rétablir que si l'État arrête d'organiser la pénurie dans le logement, les transports et les télécommunications. Sans cette ingérence, les prix baisseraient aisément de 25% dans ces trois secteurs où le consommateur dépense le plus. Dans un marché où l'offre excède légèrement la demande, un citoyen avec un revenu décent n'a nul besoin d'être assisté, sauf exception grave comme l'invalidité ou une catastrophe naturelle.

Les aides à la personne comme aux entreprises ou aux associations doivent être encadrées par un droit constitutionnel imposant une contrepartie pour toute forme d'assistance prodiguée par la collectivité. Si toutes les parents bénéficiaires d'allocations familiales dispensaient du soutien scolaire et de l'aide aux personnes âgées ou malades, la sécurité sociale serait bénéficiaire et l'insécurité dans les banlieues aurait disparu il y a bien longtemps.

Un seul ministère devrait gérer les allocations et les subventions afin que les citoyens français puissent connaître et apprécier le coût global des aides publiques dont le financement ne saurait être réservé aux seuls revenus salariaux. Chaque personne assistée, qu'elle ait pour généreux donateur la sécurité sociale, les allocations familiales, les régions, les cantons, les municipalités, et bien d'autres institutions encore, recevrait ainsi un relevé annuel complet, chiffrant le montant total des soutiens offerts par la collectivité.

On peut aujourd'hui légalement consulter la déclaration d'impôt de n'importe quel citoyen. Dans ce cas, aucune loi ne devrait interdire l'accès aux relevés des aides, subventions, allocations et dégrèvements fiscaux que reçoivent les particuliers et les entreprises. Par souci d'équité, les subsides perçus par les grands assistés de la nation sont à divulguer avec la même transparence féroce que les rétributions mirobolantes des patrons. Une fois ces données disponibles, les élections réserveront bien des surprises !

Le Général de Gaulle avait un message plein d'espoir que relayait la BBC durant la seconde guerre mondiale : les Français parlent aux Français. Le socialisme instauré en 1981 par François Mitterrand propage depuis trente ans une rengaine certes populaire mais remplie de désillusion : les médiocres parlent aux médiocres.

Ce leitmotiv évoque une république que gèrent des incapables se reproduisant comme des lapins pour se maintenir au pouvoir par tous les moyens. En 2011, la France comptait environ 680.000 élus dont les deux tiers n'ont aucune réelle utilité. Élection après élection, les mêmes incompétents politiques et syndicaux reviennent ainsi sur le devant de la scène alors qu'ils ont lamentablement échoué dans leur mission essentielle, consistant à créer un environnement propice au développement de la prospérité.

Le chômage n'a pas reculé d'un pouce. Les classes ouvrières sombrent dans la misère et les classes moyennes dans la pauvreté. Rares sont ceux aujourd'hui qui peuvent boucler leur fin de mois sans faire appel au découvert bancaire. Confrontés à la persistance de résultats socio-économiques accablants, les champions de l'assistanat « made in France » vont utiliser une dernière stratégie pour masquer la désillusion populaire : la consécration des profiteurs.

Profondément embourbé dans la crise, l'électeur est à genou mais se refuse à prier pour des jours meilleurs car grossissent les nuages apportés par les vents mauvais que déchaîne la globalisation des échanges commerciaux. Plus rien ne fonctionne dans la fonction publique qui ressemble à une digue percée de mille trous alors que les pouvoirs législatif et exécutif n'ont plus que quelques rares doigts fébriles pour endiguer l'inéluctable fiasco de la France.

La protection généralisée des acquis va dès lors régenter l'action politique. Tels des rats se refusant à quitter le navire, les élus vont transformer la république en galère économique. Les taxations d'office vont pleuvoir sur les travailleurs. Les lois contourneront la constitution et protégeront ces ordres qui ont ruiné la nation française, désormais totalement dépendante du commerce inéquitable pour assurer sa survie.

Chapitre 7

L'asservissement des prélèvements

La consécration des profiteurs va officialiser ces inégalités qui fidélisent un certain électorat, bien décidé à faire élire le parti qui offrira les aides et les subventions les plus généreuses. La population des assistés purs et durs n'inclut qu'une bonne dizaine de millions d'électeurs sur un total avoisinant les 44 millions ; un petit quart toutefois fort utile pour remporter un scrutin majoritaire à deux tours. Et peu importe si son coût pour la collectivité est exorbitant comme l'a démontré le chapitre dédié à « *L'industrie de l'assistanat* ».

Bien évidemment, les tactiques consistant à exploiter la naïveté de citoyens sans grand discernement suffisent à masquer la désillusion populaire. Faire avaler la pilule aux trois quarts des électeurs qui vont devoir se serrer la ceinture pour entretenir une nomenklatura socialiste de fainéants s'avère un exercice bien plus délicat, mais nullement insurmontable dans un pays totalement perverti par sa classe politique.

À force de cogiter, les élus se sont résolus à anéantir le discernement du peuple, en focalisant la supercherie sur ces quelques dogmes universels, qui raisonnent chaque jour dans les écoles ou les lieux de culte.

Parmi ceux-ci, il faut bien évidemment citer en premier l'avènement de la république française. Ceci nous ramène en 1789 et à une Déclaration des Droits de l'Homme et du Citoyen où la liberté, l'égalité ainsi que la fraternité faisaient bon ménage pour faire miroiter un partage équitable des richesses. Posons-nous toutefois une dérangeante question : le bouleversement politique a-t-il suscité une nouvelle ère de prospérité industrielle ou est-ce plutôt l'inverse ? La France aurait-elle été reléguée au rang des nations tiers-mondistes si la royauté avait survécu à la révolution ? Peu probable. Pour preuve, l'Angleterre et l'Espagne ont conservé une monarchie parlementaire qui n'a pas freiné leur essor économique. Peut-on en dire autant de la république betteravière socialo-communiste créée par François Mitterrand ! Un petit retour en arrière semble donc s'imposer pour vérifier si la chute sanglante de la royauté a réellement bénéficié aux contribuables républicains.

L'école primaire traumatise les enfants en leur enseignant l'histoire moyenâgeuse de ces pauvres serfs qui bramaient au cœur de lune contre les méchants seigneurs. Ceux-ci, à l'abri dans leurs châteaux forts, débauchaient les jeunes biches du fief avec l'entière complicité de mères maquerelles toujours prêtes à organiser une élection de miss duché pendant une kermesse ou une foire. De quoi rentrer en rébellion, vraiment ! Cet apprentissage des heures les plus sombres de notre bonne vieille France ne peut que réanimer l'instinct de révolte qui sommeille en nous.

L'Éducation Nationale consacre une grande partie de ses programmes à une période rose de l'histoire française, la révolution de 1789. Cet enseignement préserve l'esprit de contestation chez les enfants. Finie cette horrible exploitation de l'homme par quelques fieffés seigneurs, que du positif à se mettre sous la guillotine dans nos manuels scolaires : expropriations au son de la carmagnole, procès staliniens et massacres d'innocents ! Nos cœurs de gavroche partagent encore la fierté qu'a ressentie cette génération de sanguinaires en imposant l'égalité des classes.

Mais au juste, fallait-il que la noblesse disparaisse avec son triste cortège d'inégalités ? Avait-on besoin de tuer tous ces citoyens au sang bleu ? Réfléchissons un instant. Ne vaudrait-il pas mieux découvrir que les élus républicains, avec leurs laquais syndiqués, nous ont tous menti depuis 1789 ? Les générations futures conserveraient ainsi un espoir de refaire une petite révolution, dans l'esprit Woodstock mais à la sauce techno parade. Quelque chose de sympa, qui prouve que la société peut encore se mobiliser dans l'intérêt général. Notamment, s'il devient évident que depuis deux siècles rien n'a changé.

Emile-Auguste Chartier, ou Alain pour les intimes du bonheur, a énoncé une espérance inscrite dans nos livres de philosophie et totalement partagée par notre Bécassine nationale : l'attente est un art royal. Le statu quo incarnerait-il donc l'art républicain ?

Comparons le serf du moyen âge et le contribuable républicain actuel, en commençant par nous intéresser à leurs droits fondamentaux et en espérant bien évidemment que les électeurs n'ont pas été roulés dans la farine de l'illusion. Premier constat, le serf n'appartient pas à son seigneur, mais à la terre dont il ne peut être chassé. Le citoyen n'est nullement lié corps et âme au Président de la République Française mais à la nation tout entière puisqu'il fait corps avec elle, sauf s'il se trouve dans la situation d'un immigré sans papier. Quel soulagement, aucun changement !

Seconde évidence, le serf détient des biens précaires facilement saisissables par le seigneur et peut ester en justice, mais plus ou moins librement. Le contribuable possède un patrimoine en grande partie nanti par les banques ainsi que le fisc, et arrive très rarement à faire respecter ses droits après d'interminables et coûteuses procédures judiciaires. Toujours pas la moindre avancée !

Troisième considération, le serf n'est pas complètement privé du droit d'héritage, cependant fortement restreint ; en l'absence d'héritier direct, tous ses biens reviennent au seigneur après son décès. Le contribuable acquitte des droits de succession favorables aux familles nombreuses et l'État français ne prend environ que 60 % des avoirs légués par un défunt sans enfant. Soyons objectifs ; petit avantage au citoyen français du XXIe siècle.

Ultime précision, le serf doit fidélité à son seigneur, en échange de quoi ce dernier lui apporte sa protection. Le contribuable est fidèle à la république qui ne le protège nullement, y compris la veille du nouvel an. Un scandale ! La fonction publique pourrait au moins débuter l'année en assumant sa mission sécuritaire, garante des libertés individuelles. Au cours du moyen âge, les petits voyous qui chapardaient dans les greniers et caillassaient ou brûlaient la voiturette de l'intendant recevaient un châtiment exemplaire sur le champ de céréales. Les serfs se faisaient justice eux-mêmes alors que le seigneur organisait une garden-party pour marquer l'occasion et les esprits.

Au menu, supplice de la roue libre, écartèlement avec des destriers bénévoles, démembrement soigné, ou pendaison rudimentaire pour régler définitivement le problème. Impossible de repasser plusieurs fois avec arrogance devant un tribunal gauchisant en proposant une remise de peine. Concernant la sécurité, avantage très net au serf beaucoup mieux protégé.

Pour le moment tout va bien ; égalité parfaite sur les deux premiers principes et les deux derniers se compensent. Nos enfants peuvent reprendre espoir ; une révolution est encore possible et souhaitable puisque les droits des citoyens n'ont pas évolué. L'élu a tout simplement remplacé le noble dont il a jalousement conservé les privilèges royaux. Seule la couleur de l'atavisme a changé ; après le bleu, le rouge.

Certains érudits contesteront ce statu quo et indiqueront que le scrutin, en se substituant à l'hérédité, favorise l'apport de sang neuf qui renouvelle les élites dont la nation a tant besoin pour ruiner ses citoyens. Objection votre majesté intellectuelle ! Comme les rois, les représentants républicains enfantent des bâtards qu'ils planquent non pas dans les abbayes ou les couvents, comme le voudrait la tradition, mais chez les éditeurs ou parmi la fonction publique.

Confrontés à une stagnation dramatique de nos droits, il nous faut approfondir la situation en nous focalisant cette fois-ci sur les charges qui pesaient sur les serfs et accablent encore les contribuables des temps modernes. Par exemple, le droit d'hériter a tourné en faveur de la république ; un bon 60% du patrimoine d'un défunt sans enfant est versé à l'État. Au moyen âge, un suzerain ratiboisait intégralement les paysans n'ayant pas procréé.

Ce supplément d'investigation s'accompagne d'une nouvelle crise d'angoisse : qui sortira vainqueur de la cruelle confrontation fiscale entre monarchie et république ? Déjà, si l'on s'en tient uniquement au décompte pur et simple du nombre d'impôts qu'infligeait la royauté et qu'impose actuellement l'État, le serf est incontestablement le grand gagnant. Une victoire-éclair ! Corvée, taille, gabelle, échute, octroi, cens, champart, banalités, tonlieu, mainmorte, formariage, afforage. En tout, une bonne douzaine de prélèvements.

En 2008, le nombre total de taxes et impôts pesant sur les ménages ainsi que les entreprises dépassait allègrement les 200. Comme le créateur de la Cinquième République aimait à le penser secrètement en portant pieusement sa croix de Lorraine : « *un pays produisant plus de 365 sortes d'impôts est certain de perdre la guerre* ». Mais restons vigilants ; une myriade de faibles impositions pourrait se révéler indolore par rapport à quelques rares prélèvements dont les taux seraient faramineux. Seul compte in fine, le net ; ce qui reste une fois les ponctions fiscales retranchées des revenus générés par le travail ou le capital.

Nos premiers manuels d'histoire sont remplis d'images où le serf fait ses corvées tels le curage des fossés, le ramassage du bois morts ou l'empierrage des chemins. L'échine courbée sous le poids du fardeau, l'exploité transmet sa douleur à l'écolier, fortement choqué par une servitude qu'il confond avec l'esclavage, une pratique bannie en France tandis que les corvées ont bel et bien survécu à l'avènement de la république. Au moyen âge, le paysan était très pauvre mais disposait du temps nécessaire pour remplir ses obligations. Aujourd'hui, un artisan noyé sous le travail ne peut décemment consacrer plusieurs centaines d'heures par an à contenter le trésor public : gavage des parcmètres, remplissage de la taxe à la valeur ajoutée, préparation des rapports annuels et désamorçage de pièges mortels, les contrôles fiscaux.

Finalement, aucun progrès n'est perceptible puisque l'insupportable souffrance morale de ne pouvoir contenter l'État républicain a remplacé la douleur corporelle d'avoir à satisfaire le noble seigneur.

Forcés de participer aux tâches ménagères dès leur plus jeune âge, les enfants français rappellent régulièrement à l'autorité parentale qu'ils ne sont *« ni taillables ni corvéables à merci »*. Après, dans le meilleur des cas, une engueulade maison, ceux-ci exécutent à contre cœur leurs corvées en comptant les heures qui les séparent de la majorité, jour béni où expire légalement l'ingratitude des parents. Nourris et logés chez papa et maman, les ados ne se préoccupent guère de la taille qu'ils assimilent à une pratique périmée.

Encore très marqués par la servitude des corvées mais en âge mûr de suspecter les pouvoirs publics, les adultes épluchent anxieusement leur toute première déclaration d'impôt sur le revenu des personnes physiques. Une taille, dont les élus auraient travesti l'appellation, ne se serait-elle pas sournoisement glissée parmi les dizaines de rubriques que tout contribuable doit remplir ? La république aurait-elle osé réactualiser une taxe que de vils seigneurs puis la royauté ont instaurée en menaçant, avec une baguette de bois fendu, de pauvres serfs ne sachant ni lire ni écrire ; et tout ceci pour financer des armées guerroyant par pur désœuvrement ?

Les bombes atomiques sur Hiroshima et Nagasaki ont bouleversé les fondements de la guerre moderne : exit les occupations, bienvenue aux importations. Autrefois, les envahisseurs privilégiaient deux approches pour asservir les peuples, l'invasion et l'extermination générant des mouvements massifs de troupes armées que dissuade l'arme nucléaire. Dorénavant, les biens parviennent directement aux pays à conquérir tandis que les faiseurs de conflits planétaires, communément dénommés oligopoles, restent chez eux, confortablement installés dans leurs sièges sociaux. C'est nettement plus propre !

L'État français, a donc cherché à modifier ses structures pour s'adapter aux contraintes d'une guerre nouvelle formule. Le pouvoir politique a même cru opportun de réinstaurer les duchés, rebaptisés régions, comptant sans doute bêtement sur elles pour défendre la nation contre les effets de la mondialisation.

On se croirait retourné à l'époque des Rois Maudits, lorsque la monarchie, financièrement exsangue, laissaient les ducs outrepasser leur pouvoir à protéger le pays, en se comportant eux aussi comme de véritables souverains. Confortées par leur légitimité toute républicaine, les assemblées régionales se sont octroyé les mêmes privilèges que se réservaient les maisons ducales au moyen âge lorsque les fastes seigneuriaux masquaient les cruelles conspirations.

Parmi ceux-ci : palais princiers que finance pendant des années la sueur des contribuables, fêtes somptueuses honorant la visite de roitelets ministériels, voitures de fonction tractées par plusieurs chevaux fiscaux, voyages vers des contrées ensoleillées pour étudier la faune politique et fixation arbitraire des impôts payant la prochaine bataille électorale. Finalement, énorme déception ; les taxes régionales, l'équivalent de la taille seigneuriale, ne protègent nullement les citoyens, toujours confrontés aux menaces en provenance de l'étranger.

Jadis, les hommes d'arme combattaient avec liesse les bandits de grand chemin et les flux migratoires à tendance barbare. Aujourd'hui, les fonctionnaires et les syndicats se limitent à surprotéger des hordes d'assistés. Les présidents de régions répugnent à rassembler dès l'aube quelques preux chevaliers piaffant d'impatience à l'idée d'occire les braqueurs et de stopper les Roms aux frontières de leurs comtés. Bandes de feignants !

A ses tout débuts, vers l'an mille, la taille finançait la protection des seigneurs qui utilisèrent indument cette importante ressource fiscale pour s'émanciper de la royauté. Plus tard, la monarchie s'est vue contrainte d'instituer le même impôt, en cherchant à contrecarrer les ambitions de ses vassaux.

Au moyen âge, la taille se collectait en recensant les feux autour desquels étaient rassemblés les paysans, leurs épouses et leurs enfants. Seul le nom du chef de famille était inscrit dans les registres. La république, soucieuse d'élever socialement les gueux au rang des contribuables, a institué sans trop réfléchir le foyer fiscal ; une ânerie car celui-ci peut dissimuler plusieurs âtres. Jadis, le serf polygame se faisait immédiatement prendre la main dans la chausse. L'intendant n'avait en effet qu'à compter le nombre de cheminées en activité pour repérer les personnes non déclarées et punir le tricheur.

Si le concept du foyer fiscal avait été introduit au moyen âge, il aurait fallu que, suite à un contrôle routier de chevaliers remarquant un serf voilé conduisant un attelage, le suzerain fasse suivre le propriétaire du véhicule incriminé par ses espions pour démasquer le fraudeur. Une telle procédure de vérification aussi débile que coûteuse aurait valu au trésorier local d'être pendu haut et court. Tout semblait fiscalement nettement plus simple sous la royauté qui pourtant distinguait déjà les tailles personnelle et réelle. Les roturiers, qu'ils soient paysans ou serfs, acquittaient la première selon leurs revenus et les nobles, propriétaires fonciers, réglaient la seconde dont le calcul prenait en compte la surface et la valeur des terres inscrites au cadastre.

Après la révolution de 1789, la république a estimé que tout possesseur d'un patrimoine immobilier s'apparentait à un noble qui s'ignore. De nos jours, un individu louant un logement qu'il possède devra également payer l'impôt sur les revenus fonciers. En 1981, l'État français s'est même offert le luxe ostentatoire d'alourdir la fiscalité sur la fortune, au détriment des propriétaires les plus aisés. Il s'en est suivi une émigration, comparable à l'exode des survivants de la Shoah en 1947. Beaucoup de riches, traqués voire pourchassés par le Trésor Public, étaient bien trop faibles pour réussir le long périple qui mène à la terre sainte. Exténués, ils se sont arrêtés juste après la frontière française, dans de petits villages luxembourgeois, belges et suisses qui ont su leur prodiguer les premiers secours fiscaux. Dieu les en remercie !

Mais quelle infamie pour les plus gros contribuables du pays ! Du temps des Capétiens, jamais un seigneur n'aurait fui la France afin d'échapper à l'impôt sur la fortune sans avoir au préalable fait arrêter ou exécuter le contrôleur du roi. Sa réaction aurait été parfaitement légitime car la taille représentait déjà entre 30 et 60 % des recettes royales selon le bon vouloir des monarques ; certains d'entre eux avaient en effet recours à l'emprunt pour épargner, fiscalement parlant, la population. Actuellement, les impôts sur le revenu, la fortune et le foncier représentent environ 30 % du budget annuel d'un État qui emprunte comme un malade.

Le contribuable français s'est donc pris une gamelle royale en matière de taille dont la variante républicaine n'a nullement amélioré son triste sort. En est-il de même avec la gabelle, une autre ponction moyenâgeuse ayant, elle aussi, fortement marqué les esprits scolaires ? En effet, pourquoi taxer le sel, un produit bon marché de première nécessité, et vouloir honteusement s'acharner sur les plus démunis !

La révolution française ayant fort justement mis fin à l'impôt seigneurial, il reste à espérer que la gabelle soit tombée dans les oubliettes du Trésor Public. Et bien non ! Suite à la découverte de la réfrigération, le sel ne pouvait plus rehausser le goût amer de la fiscalité. Les élus n'ont pas mis longtemps à réagir et ont grevé non pas un, mais tous les produits, en créant la Taxe à la Valeur Ajoutée.

Non content d'avoir généralisé la gabelle, l'État français a sensiblement resalé la facture en réservant un traitement de faveur aux biens vitaux pour la vie sociale : le pétrole, l'alcool et le tabac. Il en a confié l'entreposage et la vente à des oligopoles internationaux et cotés en bourse. Une stratégie particulièrement payante de triple imposition puisqu'aux taxes sur les produits eux-mêmes sont venus s'ajouter les impôts sur les bénéfices et sur les plus-values boursières. Difficile de faire mieux !

Une seigneurie imposait les banalités qui donnaient le droit aux serfs d'utiliser certains équipements. Elle forçait également les paysans à régler le cens pour pouvoir vivre sur les terres du fief et le champart, une taxe dont le montant variait selon l'abondance des récoltes. Après les cruelles désillusions ressenties pour les corvées, la taille et la gabelle, allons-nous assister à un retournement magistral de situation en effectuant le bilan objectif de toutes ces taxes que font payer les collectivités locales ?

Sous la république, les banalités se sont démocratisées malgré le fait que les municipalités ne disposent plus de pressoirs, moulins et fours seigneuriaux, passés dans le secteur privé. Pour conserver leurs rentrées fiscales, les communes ont construit moult stades, piscines et auditoriums, tous équipés de billetteries pour collecter l'argent *« sans travail faire rire »*, la traduction moderne de l'expression féodale *« sans coup férir »*.

Le cens variait très injustement d'un fief à un autre. Son équivalent républicain, la taxe foncière, présente des niveaux de disparité bien plus élevés qu'au moyen âge. Si l'on analyse par exemple le taux régional de cette imposition, on observe qu'entre la Basse-Normandie, affichant en 2008 un insolent 4,8 %, et l'Ile-de-France, se limitant à un décent 1,2 %, le rapport est de un à quatre. La République, qui a fondé sa constitution sur l'égalité, n'a vraiment pas de quoi pavoiser !

Depuis l'antiquité, un noble s'inquiète des conditions climatiques dont dépendent l'abondance des récoltes et le bien être des paysans appartenant à son domaine. En pleine période de calamité, intense sécheresse ou pluies diluviennes, les seigneurs du moyen âge savaient démontrer une certaine retenue, sachant pertinemment qu'une cassette vide ne pouvait profiter ni au cens ni au champart. Un comportement responsable mais aujourd'hui méprisé par les élus républicains qui augmentent les taxes professionnelle et foncière à un rythme excédant largement le taux d'inflation et la progression du Produit Intérieur Brut. Entre 2004 et 2008, nombreux sont les départements et les régions où la taxe foncière sur les terrains bâtis s'est accrue deux à trois fois plus vite que la hausse des prix. À la même période, une tendance similaire s'observait pour la taxe professionnelle, l'équivalent du champart.

Caramba, encore raté ! Une commune, un canton et une région se révèlent fiscalement parlant encore plus cruels envers le contribuable que les pires seigneuries de la royauté. Allez, point de découragement et une ultime tentative pour vérifier si la république peut encore sauver l'honneur et éviter un bonnet d'âne phrygien en matière de prélèvements obligatoires ! Gardons espoir car, au moyen âge, certaines taxes comme l'octroi, les aides, le tonlieu et le formariage s'attaquaient à tout ce qui bougeait sur les chaussées du fief.

Sœur Anne pouvait ainsi distinguer avec acuité les prochaines échéances fiscales aussi facilement que la cavalerie de son suzerain sur les chemins qui poudroyaient. De nos jours, frère Âne, le contribuable, ne voit bêtement rien venir sur les routes nationales, à commencer par les droits de douanes ; ceux-ci ayant remplacé l'octroi puisque, depuis 1789, la république est une et indivisible.

Disposés jadis aux portes des villes pour collecter l'impôt, les octrois ont été virtuellement repositionnés aux postes frontières pour percevoir les taxes douanières. Le pouvoir politique s'est donc engagé à consoler les trésoreries locales, déçues par cette dramatique perte de recettes. Chaque ville s'est vue offrir deux bâtiments, l'hôtel des impôts et la perception, dont la laideur et l'asymétrie sont une insulte aux charmants pavillons d'antan. Aucun progrès par conséquent ; la déchéance fiscale républicaine s'étant assortie d'une inadmissible défiguration architecturale de la nation.

Les aides, qui grevaient jadis le transport de marchandises, ont pris le nom de taxe à l'essieu. Le serf conduisait une charrette comportant un seul axe en bois, grinçant à chaque tour de roue. Actuellement, sillonnant et défonçant le réseau routier, les poids-lourds, équipés de multiples arbres en acier remarquablement bien graissés, rapportent silencieusement environ 200 millions d'euros par an à l'État.

Sous la royauté, prendre épouse hors du fief coûtait une petite fortune au serf tenu d'acquitter le formariage. Pire encore, si celui-ci quittait sa seigneurie pour une autre contrée plus propice, il devait alors régler le tonlieu. Immense progrès républicain, aujourd'hui seuls ceux qui déménagent en acquérant un bien immobilier doivent payer un impôt, les droits de mutation. Le voici donc cet unique avantage fiscal tant attendu et que nous désespérions d'inscrire au compteur de la république ; le mariage vers une autre résidence principale n'est plus imposable.

Avant de nommer le vainqueur de notre joute fiscale, il reste toutefois à évaluer les prélèvements obligatoires qu'effectuent les tiers avec la bénédiction pleine et entière de l'État. L'argent n'est pas tout dans la vie. Le citoyen est attentif à la moralité de toutes ces corporations avec lesquels le pouvoir politique s'acoquine pour renforcer sa légitimité. Au moyen âge par exemple, l'église prélevait sa dîme en échange de son soutien à une royauté dont elle se refusait à dénoncer les abus pour bâtir sa propre puissance.

Il est clair que les médias ont remplacé le clergé dans son rôle malsain de censeur complaisant du pouvoir politique. Mais, avons-nous gagné au change ? Au moyen âge, l'église transgressait des interdits éthiquement fondés ; les médias font aujourd'hui l'éloge de libertés moralement infondées.

Le pouvoir républicain a finalement pactisé avec le diable. L'enfer c'est les médias aurait très certainement écrit Jean-Paul Sartre si celui-ci avait perçu que les droits indécents octroyés aux créateurs et diffuseurs de l'information dévitalisent la conscience humaine pour revitaliser un monde politique décrédibilisé.

Pour mieux séduire ces héros dont nous avons glorifié les exploits dans le chapitre consacré aux « *Arènes de la diversion* », les pouvoirs publics ont fiscalement épargné la non-valeur générée par la dictature de l'émotion. La république française a mis en place un système organisé rétribuant indirectement ces artistes, sportifs et médias qui apportent leur complaisant soutien aux élus sous couvert de téléthons et autres événements de la charité spectacle. Cette collusion, devenue légale, donne bonne conscience aux politiques car elle fidélise ceux qui, en apparence, combattent la pauvreté et la souffrance humaine.

Les privilèges accordés aux valets du monde politique sont opaques, voire obscurs. Pour cette raison, de nombreux prélèvements ont un caractère insidieux puisque la nécessaire cohérence entre prestation et tarification est désormais inchiffrable. Mettre en marche une radio, un téléviseur ou un téléphone mobile déclenche une ponction financière bien supérieure à ce que la dîme faisait supporter aux pauvres serfs du moyen âge.

La redevance « télé » est visible à l'œil nu des spectateurs aveuglés par la dextérité verbale dont font preuve les bonnes à tout faire du paysage audio-visuel. Avec leurs sociétés de nettoyage au karcher de l'intelligence, celles-ci se rémunèrent royalement étant donné l'extrême pénibilité de leurs prestations : jeux, variétés, débats et commérages en tout genre. Ayant réglé d'avance son abonnement à la boîte à idiot, le téléspectateur passe alors sous les fourches caudines de la débilité instituée par les producteurs et les présentateurs.

Qu'il faisait bon vivre à l'époque de ces joyeux troubadours et ménestrels acceptant uniquement quelques pièces ou compliments pour divertir leurs seigneurs. À cette époque, aucun artiste n'aurait osé acquérir un palais princier sur la Côte d'Azur avec la sueur des serfs. La monarchie pouvait punir les débordements fastueux portant ombrage à sa suffisance en emprisonnant tout Fouquet du divertissement dont le train de vie ostentatoire offensait le bon peuple français.

Le téléspectateur mécontent bénéficie d'une prérogative non négligeable : étreindre son poste ou se rabattre sur les films à la demande dont les droits de diffusion engraissent les producteurs et les artistes. En payant un service à la carte en sus de son abonnement, sait-il qu'il contribue également à rémunérer une communauté ayant réalisé l'œuvre de son choix il y a plusieurs décennies ?

L'État français choie les artistes car ils savent communiquer à leurs fans ces messages débordant de générosité que les élus, décrédibilisés, peinent à promouvoir. Une chanteuse à succès ne remplit pas les salles de concert, et son compte bancaire par la même occasion. Elle donne de l'amour à son public, nuance, un élan fraternel que les pouvoirs publics amplifient en laissant les célébrités gérer le « *charity business* ».

On aurait pu croire que l'État assouvirait la cupidité des créateurs d'œuvres musicales, en leur réservant les fabuleux monopoles télévisuels dénonçant la faim dans le monde et les catastrophes naturelles. Hélas non ! Les larmoyants téléthons au profit des crèves le cœur et la dalle n'enrichissent pas assez ces artistes dont la passion pour la charité spectacle construit la réputation médiatique. Voulant combattre cette profonde injustice sociale, le parlement a légiféré et conçu toute une série de droits spécifiques pour défendre l'image et les créations d'une profession si utile à la diversion électorale.

Grâce au législateur, l'auteur compositeur d'un bide va toucher pendant quelques 70 ans les droits que lui verseront les stations de radio pour en faire la promotion. Afin de mieux comprendre la logique des prélèvements obligatoires qui ne bénéficient pas directement à l'État, prenons comme cas d'école des fans la Société des Auteurs Compositeurs et Éditeurs de Musique (SACEM).

Celle-ci perçoit les droits pour les œuvres reproduites sur différents supports et diffusées dans les médias ainsi que lors des manifestations publiques ou dans les lieux de rencontre. La SACEM et le Trésor Public exercent une mission similaire à une différence notable près ; le droit d'auteur n'étant pas une taxe, tout retard ou absence de paiement n'occasionne donc ni amende ni pénalité. Les sommes collectées annuellement, environ 700 millions d'euros, ravissent quelques mille collaborateurs mais suscite une colère sourde chez les propriétaires de bars et de discothèques.

Zappant constamment entre ses stations radiophoniques préférées, un citoyen subit des émissions régulièrement interrompues par les ricanements d'animateurs dont les blagues éculées marient, sans nulle gêne ni honte, autosatisfaction, bêtise et grossièreté. Cette écoute passive autorise la SACEM à prélever trois euros par an auprès de chaque français en vie, uniquement pour la radiophonie. Un montant très faible mais injuste, l'auditeur ne pouvant se faire rembourser son temps d'écoute lorsqu'il estime avoir été musicalement maltraité puis abattu par des plaisanteries au goût douteux. On est donc face à un véritable prélèvement obligatoire qui n'existait pas au moyen âge. La démonstration étant faite, rien ne sert de s'attarder plus longtemps sur les autres sources de financement de la SACEM, comme la télévision et l'internet.

Surtout qu'un autre type de tribut républicain mérite vraiment le détour, mais cette fois-ci vers les stades car le pouvoir politique n'a pas oublié ses amis sportifs. Ceux-ci ne bénéficient pas encore de droits d'auteur, même si courir, sauter ou nager peut être considéré comme un art dans certaines disciplines.

Au demeurant, nous l'avions déjà clairement annoncé dans le chapitre réservé aux « *Arènes de la Diversion* », les athlètes ont vraiment la cote auprès de l'État puisque l'engouement qu'ils suscitent est inégalé par les artistes ou les « *people* ». Les exploits sportifs ont une indéniable capacité à occulter la dure réalité quotidienne des contribuables français.

C'est un scoop que cet ouvrage dévoile en exclusivité mondiale ; Bertrand du Guesclin est le seul athlète de haut niveau ayant perçu un droit à l'image au cours du moyen âge. Lorsqu'il tournoyait, sa laideur l'empêchait d'épouser la fille du seigneur, promise au vainqueur mais vite insoumise à l'idée de convoler avec un authentique repoussoir. Pour se faire zieuter par de vielles peaux, il acceptait un simple verre d'eau glacée. Une leçon d'humilité que devraient retenir tous ces footballeurs français réclamant leur droit à l'image, avant même d'avoir joué et pris une déculottée royale. Mais la république en a fait des enfants gâtés, aussi pourris que la dépouille bouillie de feu Monsieur du Guesclin.

Combien coûterait une automobile si l'ouvrier qui la fabrique pouvait conserver l'exclusivité de sa dextérité manuelle qu'il vendrait à sa guise au plus offrant ? La surenchère permanente qu'entraînerait un tel modèle socio-économique déboucherait sur un prix exorbitant, un scénario en totale contradiction avec la notion même de progrès social qui rend abordable un bien ou un service d'utilité reconnue.

Contrairement aux prolétaires qui ravivent le mécontentement populaire en manifestant souvent et bruyamment, les athlètes savent anesthésier les électeurs. Le thème du développement industriel ne rapporte aucune voix pendant les campagnes électorales alors que le soutien abusif aux clubs sportifs fait chavirer le cœur des citoyens, dès lors insensibles aux vrais enjeux du prochain scrutin.

Les députés ont mis les petits plats législatifs dans les grands pour concocter un droit à l'image en faveur de ces héros dont les « *Arènes de la diversion* » accueillent les exploits. Le cadeau est princier puisque les sportifs se sont vus offerts deux droits individuels, gérés soit indépendamment soit dans le cadre de leur club, et un droit collectif associé à leur équipe. En politique, quand on aime on ne compte pas, surtout les infractions au principe d'égalité, une notion que les supporters assimilent à un match nul et par conséquent exècrent.

Les privilèges accordés aux sportifs pour exploiter leur image ont fait des envieux chez tous ces artistes et personnalités médiatiques dont la rémunération est indexée, elle aussi, sur la courbe de l'audimat. La république reconnaissante ne les a pas oubliés en leur offrant un droit à l'image les dispensant de porter le maillot d'un club mais gérable individuellement à travers la publicité, un autre prélèvement échappant à la perspicacité du contribuable.

Lors de ses achats, tout citoyen acquitte, en sus de la TVA, sa quote-part des sommes versées à ces célébrités qui manipulent l'opinion tout autant que les élus pour s'enrichir. La désinformation colportée par la télévision d'État n'a pourtant pu empêcher l'effondrement du collectivisme, incarné par feu l'Union Soviétique, devant la pauvreté du peuple. Les mensonges publicitaires mènent le capitalisme tout droit à la faillite que provoque la surconsommation.

Tous ces prélèvements, dont profitent la nomenklatura des élus et célébrités, imposent au citoyen républicain une servitude qui aurait révolté le plus aisé des serfs. L'enchaînement des phases du Management absentéiste explique en grande partie l'esclavagisme fiscal que subit la France. Les « *Elections sans objet* » créent une débauche de « *Promesses démagogiques* » puis une myriade de prélèvements qui ne sont jamais remis en cause puisque le pouvoir politique s'abrite derrière les « *Bilans cachés* ».

Les rois de France et leurs fourbes vassaux vivaient dans une opulence entretenue seulement par environ douze prélèvements forcés. En tant que monarques héréditaires, ils n'avaient pas à promettent dons et merveilles à leurs sujets avant chaque scrutin. Aujourd'hui, tout problème de société, telles les grossesses ni nerveuses ni désirées du Poitou-Charentes, déclenche une initiative électorale qui gonflera un catalogue fiscal déjà riche d'environ deux cents titres prestigieux.

La monarchie capétienne fournit au contribuable un autre enseignement fort utile : les seigneurs taxaient peu le travail mais en priorité l'accès à l'outil de production car l'activité économique, totalement dépendante de l'agriculture en ce temps-là, était bien trop aléatoire pour autoriser une fiscalité assise uniquement sur la durée du labeur.

La France du vingtième siècle n'a su suivre cette prudente logique qui reconnaît que les crises ont toujours émaillé l'histoire des peuples. Elle a lâchement autorisé ses élus à étouffer la prospérité en instituant une double charge sur l'emploi : l'une faisant vivre le pouvoir politique et l'autre son homologue syndical. Cette mesure absurde reste toutefois l'apanage de toute république socialiste se voulant démocratique. Elle n'existe pas dans les dictatures prolétariennes comme la Chine, où seule est autorisée la « *Fédération des Syndicats* », une simple émanation du parti communiste.

Dès lors, les élus et les partenaires sociaux chinois ne se livrent à aucune surenchère salariale au profit des travailleurs. Chaque mois, un salarié français est par contre la victime d'un véritable racket syndical et patronal, ce que sa feuille de paie démontre sans ambiguïté. Le tableau ci-après s'inspire d'une situation vécue où un employeur fixe à 2.700 euros la somme requise pour rétribuer un collaborateur.

Exemple d'un bulletin de salaire présenté par finalité des charges	Montant		Taux de cotisation	
	Euro	%	Employeur	Employé
Rétribution disponible	**2.700**	100	(en % du salaire brut)	
Assurances pertes de salaire et d'emploi				
Accident du travail			*-2,2*	
Fond de garantie des salaires			*-0,1*	
Chômage			*-4,0*	*-2,4*
Rétribution du travail	**2.530**	94		
Cotisations au profit de l'assistanat				
Allocations familiales			*-5,4*	
Solidarité autonomie			*-0,3*	
Aide au logement			*-0,1*	
Taxe d'apprentissage			*-0,66*	
Formation professionnelle			*-0,55*	
Contribution Sociale Généralisée				*-7,5*
Remboursement Dette Sociale				*-0,5*
Salaire brut	**2.250**	83		
Assurance-maladie et prévoyance			*-13,2*	*-1,15*
Vieillesse déplafonnée			*-1,6*	*-0,10*
Vieillesse plafonnée			*-8,3*	*-6,65*
Retraite complémentaire			*-4,5*	*-3,0*
AGFF			*-1,2*	*-0,8*
Salaire net	**1.500**	56		

De cette somme, doit être retranché un nombre impressionnant de cotisations n'ayant aucun lien direct avec les missions du salarié concerné. Pour commencer, vont être déduites trois primes d'assurance (accident du travail, garantie des salaires et chômage) qui suscitent une première interrogation : sont-elles imputables à l'emploi ou au capital ?

La seconde option constitue la bonne réponse car les accidents et les plans sociaux sont en majorité provoqués par des actionnaires qui n'investissent pas suffisamment. L'employé se retrouve dans la situation grotesque d'un chauffeur routier réglant lui-même l'assurance d'un véhicule dont il n'est pas propriétaire, un cadeau à son patron lui coûtant pratiquement 6 % de sa rétribution totale. Mettre fin à une telle ineptie demande de bouleverser la fiscalité ; les profits des entreprises doivent directement financer les fonds dédommageant les salariés lorsque ceux-ci subissent un préjudice pleinement imputable à leurs dirigeants.

Apparaissent aussi sur notre bulletin de salaire « *new-look* », plusieurs cotisations n'ayant que pour seule finalité l'« *Industrie de l'assistanat* ». Les allocations familiales, la solidarité autonome et l'aide au logement peuvent bénéficier à des citoyens sans emploi. Il n'y a donc aucune raison de les prélever sur les seuls revenus du travail.

Le même sort devrait être réservé à la taxe d'apprentissage qui finance une politique de formation que la Cour des Comptes dénonce régulièrement, et avec raison, comme une infâme gabegie. Revenons vers notre chauffeur payant l'assurance de son véhicule. La législation le force également à consacrer un demi-pourcent de sa rétribution au développement de ses aptitudes, une activité dont bénéficie pleinement son employeur.

Une nouvelle fois encore, l'État français impute au travailleur ce qui est du ressort des actionnaires dont le sous-investissement en formation met en péril leur entreprise. Engranger au plus vite des profits mirobolants en ne faisant pas évoluer les compétences équivaut à conduire sans assurance, une attitude irresponsable qu'il faut sanctionner avec la ferme volonté de ne pas engraisser les syndicats à travers une nouvelle cotisation. Il suffit tout simplement d'utiliser, pour l'impôt sur les sociétés, un taux dégressif qui encouragerait à investir dans la formation. Les bons élèves seraient ainsi récompensés ; une politique bien plus efficace que la mutualisation des coûts de licenciement.

Autre ignominie, la contribution sociale généralisée et le remboursement de la dette sociale transfèrent sur les futurs actifs les déficits cumulés par leurs prédécesseurs. Notre chauffeur routier n'a pas encore pris ses fonctions qu'il lui faut déjà faire le plein de son camion, dont le réservoir est à sec.

Le salaire brut de 2.250 euros figurant sur notre feuille de paie, démontre l'ampleur du désastre causé par les prélèvements sur le travail. In fine, la rétribution totale d'un salarié est amputée de 17% chaque mois uniquement pour rémunérer les assistés de la république et les actionnaires. Sur le même bulletin, le salaire net de 1.500 euros illustre une autre abomination : un citoyen empoche librement 56 % de la rétribution récompensant ses efforts.

Les syndicats qui s'insurgent devant les difficultés qu'éprouvent les prolétaires à boucler leur fin de mois sont pourtant les seuls responsables d'un véritable pillage perpétué à l'échelle nationale. Le détournement des charges sociales assure leur survie financière et, par la même occasion, un soutien à ces partis politiques dont l'État providence symbolise la raison d'être.

En prélevant sur le travail les aides susceptibles de faire basculer un scrutin en sa faveur, la classe politique a créé un État défaillance ayant jusqu'ici échappé à la faillite par l'empilement des déficits publics. Confrontées à la désinflation qui frappera la France, dont le coût du travail n'est plus compétitif, les générations futures ne pourront pas payer les dettes accumulées par leurs parents et ancêtres. Il est dès lors évident que seule une Taxe Sociale assise sur tous les revenus sans exception pourra financer les couvertures universelles pour la maladie et la retraite.

Un clochard confondant bouteille et expérience y contribuera, et en bénéficiera, puisque sur chaque litron de pinard ingurgité par son valeureux gosier, sera prélevée sa modeste quote-part à une protection sociale généralisée, qui ne sera plus financée au moyen des seules cotisations sur le travail. Les retenues sur la feuille de paie seront alors réservées aux mutuelles de santé et aux caisses de retraite par capitalisation, mettant ainsi fin à l'ignoble spoliation qu'imposent les systèmes par répartition, où les actifs paient pour les inactifs. La transparence des versements conduira à ne plus attendre quarante ans pour découvrir avec effroi le montant de sa retraite.

L'implémentation d'une Taxe Sociale ne sera équitable que si l'État connaît avec précision les revenus empochés par un contribuable. À ce jour, une telle condition relèverait de l'utopie pure et simple car le travail au noir et la fraude fiscale figurent parmi les deux passe-temps favoris des Français. Pourtant l'égalité devant l'impôt peut être atteinte en éliminant la monnaie fiduciaire et en la remplaçant par le paiement électronique. Les technologies de l'information sécurisée ont suffisamment progressé afin d'instituer un prélèvement à la source sur toutes les transactions. Pour redonner du pouvoir d'achat à l'ensemble de ses citoyens, l'État français doit accepter l'idée qu'une fiscalité raisonnable applicable à tous est plus efficace que le matraquage des classes moyennes.

La refonte du financement pour la protection sociale devra induire une autre révolution : supprimer les charges salariales dont la présence fausse l'appréciation des revenus distribués aux salariés. En effet, à quoi sert-il d'accorder un salaire brut pour immédiatement déduire près de 20 % en cotisations payées par l'employé lui-même ? Ne vaudrait-il pas mieux imposer le fait que toutes les charges soient seulement patronales ? L'employeur jouerait alors un rôle protecteur en incitant et aidant les salariés à épargner. Si les pouvoirs publics mettaient fin aux charges salariales autres que la santé et la retraite, chaque employé obtiendrait 17 % de revenu supplémentaire chaque mois, un montant largement suffisant pour faire financer sa protection sociale directement par l'employeur, ce qui éliminerait toute retenue sur le salaire brut.

La république a totalement asservi ses citoyens dont le désespoir grandit au même rythme que celui des prélèvements obligatoires. Une tendance démontrable mathématiquement : 60 % des ménages français ont le moral dans les chaussettes puisqu'un pourcentage identique de charges, taxes et impôts leur confère le statut peu séduisant de va-nu-pieds. L'électeur n'a plus confiance dans l'État et se divertit avec les chasses aux sorcières politiques orchestrées par les médias. Les guignols de la désinformation s'en donnent à cœur joie, recherchant quotidiennement dans les poubelles médiatiques le pet de travers annonciateur de la chienlit généralisée.

Le peuple gronde mais le fromage des prélèvements restant bien trop appétissant, les rats se refusent toujours à quitter l'épave et organisent le sauvetage de leurs complices ayant contribué à dissimuler la désillusion. Très vite le statut d'intouchable a été octroyé à ces vaches sacrées qu'engraisse la vie politique française. En tête de troupeau paradent les syndicats, les magistrats, les médias, et les élus eux-mêmes. La république française ressemble à une gigantesque bananeraie où s'égaillent désormais les irresponsables de toute obédience. Le cycle infernal de la « Démocrotte » rentre alors dans son avant-dernière étape, l'« *Impunité des ordres* », que va nous expliquer le prochain chapitre.

Chapitre 8

L'impunité des ordres

La révolution française n'aura servi à rien ; depuis son avènement, la république opprime finalement le citoyen tout autant que la royauté du moyen âge. Écrasé sous le poids des impôts et taxes, l'électeur s'insurge désormais contre les politiques en commençant par privilégier le rire comme remède à sa piètre situation. L'heure n'est pas encore au soulèvement car les déficits publics financent les aides confinant l'indigent dans la béatitude de l'assistanat. Les shows animés par des clowns de l'actualité remplacent les journaux télévisés dans une société où seuls les assistés croient encore à l'action bénéfique des élections. Les autres citoyens rient jaune et rose face aux prérogatives que s'attribuent les élus pour rejouer « *L'État socialo-défaillance* », une tragi-comédie écrite par François Mitterrand après quatorze années d'un travail acharné.

La France est devenue un mauvais théâtre de marionnettes où les forces actives s'ingénient à sourire devant tous ces élus tirant les ficelles du déclin sans que Guignol ne puisse sévir avec son gros gourdin. Leur manque d'enthousiasme s'explique aisément ; elles se sentent impuissantes face à une fonction publique qui fuit ses responsabilités.

Le spectacle est permanent ; chaque jour les élus pallient la défaillance de l'État. Lorsque la justice par exemple cherche à sanctionner les fonctionnaires responsables d'avoir mis sur le marché un produit pharmaceutique dangereux, que se passe-t-il ? Généralement rien, seul le laboratoire est jugé coupable. Les familles des victimes, bafouées dans leurs droits, recourent à la rue puis à un représentant qui interviendra pour que soient débloquées une indemnité, financée bien évidemment par le contribuable. Une telle ingérence est réellement abusive, puisque le pouvoir exécutif ou législatif, devrait s'interdire de s'immiscer dans une procédure judiciaire en cours, pour dédouaner les vrais fautifs d'une véritable tragédie humaine.

Depuis l'antiquité, la classe politique occulte ses abus permanents de droit en partageant l'autorité avec des corporations dont la mission première consiste à calmer la grogne populaire. Cette tactique, qui exhorte les citoyens à constater que l'omnipotence n'est point réservée aux seuls élus, a suscité l'essor de bourgeoisies intellectuelles auxquelles l'État octroie des avantages exorbitants. Examinons le cas d'un notaire exerçant une tâche pénible, à savoir, ouvrir l'enveloppe d'un testament. Acte certes douloureux mais dont la rémunération fait vite sécher les larmes de l'officier ministériel exécutant l'opération. En effet, le législateur en a indexé le coût notarial sur la valeur de l'héritage transmis.

Pour deux millions d'euros, comptez 15.000 euros en frais d'ouverture du courrier dont la majeure partie revient au Trésor Public. Grâce aux corporations, l'État français s'est donc constitué une armée de mercenaires, recrutés dans l'intérêt général, mais en réalité rackettant les citoyens en surfacturant de manière éhontée leurs prestations.

En conséquence, les électeurs s'insurgent sans cesse contre toutes ces associations détenant des monopoles et privilèges leur conférant un statut véritablement à part dans la société, où elles s'incrustent sous de multiples dénominations. Mais au fait, qui dirige le corporatisme français ? Les classes, les castes, les clans, les cliques ou les ordres ? Essayons de solutionner cette énigme qu'Einstein lui-même n'a su résoudre en son temps et dont l'équation, tout aussi critique pour l'univers politique que $E=mc2$, a été solutionnée par un illustre inconnu, soucieux d'éviter un contrôle fiscal.

Les classes regroupent plusieurs membres voulant obtenir une certaine reconnaissance pour mieux faire valoir leurs droits, en dépit du fait que leurs cultures et leurs fonctions diffèrent. En France, il n'en existe véritablement que deux majeures, les *« Toujours les Mêmes qui Paient »,* vulgairement désignés sous le vocable de travailleurs, et les *« Riches »*, dont l'exploitation électorale varie d'un parti à un autre.

Pour les Socialistes, un contribuable avec un revenu mensuel au-dessus de la barre fatidique des 4.000 euros appartient sans conteste à la seconde catégorie ; une vision entretenant une jalousie viscérale parmi la population française puisque les nantis se comptent en millions. Avec leur vocabulaire suranné, les communistes continuent à distinguer les prolétaires des capitalistes. Un discours incapable de mobiliser les classes moyennes qui utilisent l'État providence tout en méprisant les bas salaires. Accepter les bienfaits de la solidarité n'impose nullement de s'apitoyer sur les pauvres !

Contrairement aux classes, les castes fédèrent informellement des sympathisants partageant la même occupation, culture et ambition politique. La France féodale en comprenait trois : les « orateurs » du clergé priaient, les « bellatores » de la noblesse guerroyaient et les « laboratores » du Tiers-État travaillaient. L'avènement de la république a redistribué les cartes : les médias ont remplacé les religions, les oligopoles se sont substitués aux armées et les fonctionnaires ont délocalisé les travailleurs. L'hégémonie de ces trois castes produit une richesse fictive que l'on vénère telle une vache sacrée.

Plusieurs familles liées par une filiation réelle ou fictive forment un clan qui constitue alors un regroupement formel avec une personnalité juridique, un patrimoine et une institution aux règles bien précises.

Par exemple, le parti communiste a un secrétaire général, tient congrès au moment opportun, organise chaque année la Fête de l'Humanité et vénère le marteau ainsi que la faucille. La parenté unissant les membres d'un clan n'en fait pas pour autant un groupe sectaire. À travers un processus d'affiliation, celui-ci accepte même les étrangers. La plupart d'entre eux ne sachant ni lire ni écrire, la référence à un géniteur ou un fondateur devient emblématique ; on parle alors de totémisme, symbolisé sous sa forme la plus évoluée par un animal. Toujours aussi primaire, le Parti Socialiste n'a pas choisi la faune mais la flore, une rose pour être précis, comme totem autour duquel se rassemblent ses adhérents.

Une clique fait référence à un groupe plutôt restreint dont tous les membres sont interconnectés pour prendre le pouvoir légalement ou illégalement. Elle désigne aussi un orchestre militaire ; l'analogie s'applique logiquement à des musiciens jouant la même partition sous la direction d'un chef menant son monde à la baguette.

En politique, une clique a une connotation souvent maffieuse ; ses adhérents accomplissent chacun leur part d'une mauvaise action en sachant pertinemment qu'ils resteront impunis si un délit est constitué, car sûrs et certains d'être jugés par l'un des leurs.

La France se caractérise par un régime politique multipartiste que soutient un corporatisme découlant d'un croisement entre une classe, une caste, un clan et une clique. Une évolution prévisible dans un pays où la devise « Liberté, Égalité et Fraternité » s'apparente au serment d'hypocrite des élus nationaux. Par un processus darwinien d'hybridation, nos quatre communautés ont en effet fusionné et donné naissance à un ordre. L'équation de l'impunité totale peut s'énoncer ainsi $4C = O$, une formule laissant prévoir une situation insupportable au plan du droit. Mais la magie politicienne restera toujours plus forte que la logique des chiffres lorsqu'il s'agit de berner les électeurs.

Le corporatisme développe l'irresponsabilité selon un cycle que la biologie moderne a décrypté dans ses moindres détails. Ses effets dévastateurs sont la résultante d'une mutation infernale, ayant en son temps horrifié Frankenstein lui-même, car l'impunité permanente se transforme vite en immunité éternelle. Pour échapper à toute sanction, les élus développent un mécanisme d'auto-défense qui empêche la contamination lorsque se développe un cas isolé ou une pandémie de malversations dont l'origine est identifiable. Un processus immunitaire comprend plusieurs phases qu'il faut scrupuleusement respecter sous peine de laisser l'infection médiatique ou judiciaire envahir la classe politique.

Tout commence par l'isolation, une attitude très ingénieuse. En opérant en marge de la société grâce à ses pratiques quasi-occultes, un ordre se tient ainsi à l'écart de citoyens envahis par leurs propres angoisses, potentiellement mortelles, comme par exemple *« que faites-vous de notre et votre argent »* ? Ses statuts le protègent des investigations concernant l'origine et l'utilisation de ses revenus. Une fois dans votre vie, avez-vous réussi à comprendre comment se finance un syndicat français ?

Les élus savent cependant sortir de leur isolement quand leur popularité est au plus mal. Ils s'exposent aux bains de foules lorsqu'ils sont uniquement entourés de citoyens en liesse mais sans aucun entendement politique. Le Tour de France constitue une arène idéale pour s'exhiber sans se faire souiller ou contaminer par un fanatique poursuivant, tel un dératé, des cyclistes bariolés. Le représentant téméraire grimpe sur un véhicule où sa présence sera remarquée et, le tour est joué, salue le bon peuple du haut de son carrosse motorisé.

Il arrive qu'un scandale pointe le bout de son infamie et fissure les remparts de l'isolation. Un ordre réagit très vite et utilise un mécanisme d'autodiagnostic qu'il dirige lui-même en créant une commission ad hoc, esquivant le problème aussi rapidement qu'un poisson voulant échapper au triste sort du harpon.

Depuis maintenant un demi-siècle, la lutte contre le chômage est pilotée par trois institutions, les parlementaires, les syndicats et le MEDEF (anciennement CNPF) qui réfléchissent aux causes de leurs propres échecs. Rien de surprenant donc à ce que les réformes inutiles ou ratées affluent au même rythme que le nombre de chômeurs.

Audimat oblige, il arrive qu'un méfait particulièrement odieux et résistant se propage dans les médias. Ceci ne dérange nullement les ordres qui, pour la plupart, possèdent une immunité naturelle, sans aide extérieure. S'appuyant sur leur image de défenseur de la nation, ils estiment en effet que leur divine mission les place au-dessus des droits et des lois. Les centrales syndicales appliquent la meilleure protection possible : la menace d'une grève. Leurs détournements dans l'assurance-maladie, les caisses de retraite, les mutuelles de prévoyance, les organismes de formation et les comités d'entreprise ne sont ainsi jamais jugés.

Les élus quant à eux s'immunisent eux-mêmes avec un procédé déjà dénoncé dans le chapitre dédié aux « *Bilans cachés* » : la querelle politicienne, l'emblème de la concussion à la française. Un journaliste trop curieux se fait rapidement renvoyé dans les vingt mètres de sa rédaction avec une injonction aussi claire et menaçante que « *circulez, il n'y a rien à voir* ».

Lorsque les malversations incitent les citoyens à se tourner vers la justice, les ordres abandonnent leur stratégie d'immunité naturelle pour se placer sous la protection du législateur ; on est alors face à un processus dit artificiel. Le corps social malade ne peut plus se défendre seul ; une thérapie parlementaire s'avère alors indispensable. En 1770, Edward Jenner inventait le concept du vaccin ; une découverte utilisée par les députés français le 15 janvier 1990 pour éradiquer une maladie honteuse qui défigurait la classe politique depuis les années cinquante, le financement occulte, aussi dénommé gangrène de la corruption passive.

Ce jour-là, un éminent savant de la désillusion électorale, fit voter une loi effaçant toutes les infractions *« commises avant le 15 juin 1989 en relation avec le financement direct ou indirect de campagnes électorales ou de partis ou de groupements politiques »*. Un traitement de choc ultra-efficace mais à renouveler avec la plus extrême prudence car présentant des risques élevés d'effets secondaires sur l'opinion.

Plus rarement, les immunités naturelles et artificielles sont défaillantes et laissent s'installer un scandale déclenchant une épidémie médiatique comparable à celle de la peste au moyen âge ; les victimes du dégoût politique se comptent en millions.

L'ordre contaminé va dès lors se juger lui-même dans les conseils supérieurs et les tribunaux administratifs où seuls ses membres siègent avec l'obligation absolue d'exonérer les coupables. À Outreau en 2001, la défaillance de toute une juridiction a détruit la vie de plusieurs familles. Dans une vraie démocratie, le procureur général, le procureur de la république, le juge d'instruction et les experts auraient été radiés à vie par un tribunal populaire étant donné leur inacceptable niveau d'incompétence. En France, une corporation intervient toujours pour protéger ses membres, par principe inattaquables. Dans le cas précité, le conseil supérieur de la magistrature a fait semblant de gronder les responsables et le parquet a promu ses représentants pour leur éviter le mépris et la colère justifiés de la population locale.

Événement rarissime, un ordre ou l'un de ses membres se retrouve condamné, terrassé par un virus judiciaire, la bévue involontaire d'un magistrat encore mal formé aux subtilités de la solidarité qui renforce l'impunité. La situation est grave ; le cadavre ne peut être placardisé et se décompose aux yeux de tous. Vient donc l'heure bénie de procéder à un enterrement de première classe mais dans la plus grande discrétion pour mieux respecter la vive douleur des électeurs. Le « secret défense » s'invoque et les euros détournés rejoignent la vérité dans la tombe du contribuable inconnu.

Le cycle de l'impunité se conclut par la putréfaction morale, un engrais favorisant la bonne croissance organique du corporatisme dont l'hégémonie surprend malgré tout : pourquoi celui-ci survit-il dans une société exploitant le moindre scandale politique à fort potentiel d'audience médiatique ? Une simple observation fournit la réponse : seul le soulagement de la souffrance humaine, physique ou morale, légitime sa présence.

Idéalement, nous souhaiterions tous nous dispenser de ces ordres, tels les élus, les syndicats, les magistrats, les médias et les médecins, dont la mission consiste à traiter les trois angoisses universelles de l'être humain : la responsabilité, la maladie et la mort. Nos errements et nos peurs nous jettent mains et poings liés dans la fosse aux lions corporatistes, qui se spécialisent pour mieux nous dévorer. Chacun d'entre eux adapte ses privilèges au profil de ses proies potentielles sur lesquelles il exerce une influence néfaste ruinant la France.

Tout scrutin permet aux ordres d'étendre leur pouvoir en exploitant habilement l'échec prévisible des élus. Imaginons virtuellement leur réaction après l'élection présidentielle de 1981. Sûrs et certains de bénéficier d'un déclin septennal vu les inepties électorales programmées par François Mitterrand, ils ne pouvaient que s'unir afin de piller la nation en toute impunité. Mais avaient-ils réellement la possibilité de faire autrement ?

Il est bon de rappeler qu'un ordre agit comme un organe vital du corps humain. Il exerce dans la société une fonction précise pour laquelle il bénéficie d'un monopole lui évitant toute contamination potentiellement transmissible par la concurrence. Toutefois, son autonomie propre ne l'empêche pas pour autant d'interagir avec ses confrères.

Si l'on ausculte le corporatisme français dans le détail, le bilan surprend. Chaque entité intervient avec les autres selon une séquence déterminée. Tels les musiciens d'un orchestre, les organes jouent de concert leur partition débutant toujours par le solo endiablé des enseignants. Ceux-ci se considèrent en effet comme la tête pensante de la nation, endoctrinant mieux que quiconque les élèves à l'idéologie collectiviste qui doit absolument guider leurs choix électoraux.

L'Éducation Nationale avance toujours un argument massue pour démontrer sa suprématie : aucun gouvernement de la cinquième république n'a su et pu la réformer. Ses échecs ne lui ont jamais été imputés car aucune statistique ne s'échappe de ses structures hyper-centralisées selon le modèle si cher à l'Union Soviétique. Avec plus d'un million de cerveaux pouvant entraîner les élèves et les étudiants dans la rue à la moindre contrariété provoquée par un ministre lucide et courageux, son leadership semble indiscutable.

Systématiquement, la magistrature s'insurge contre cette vision trompeuse de la puissance des enseignants dont les résultats ne plaident pas en leur faveur. Les dizaines de milliers d'étudiants quittant chaque année l'Éducation Nationale sans aucune perception des réalités de la vie semblent donner raison à ses détracteurs.

Les magistrats ne se privent jamais de rappeler solennellement à l'opinion publique que la justice est l'œil de la nation et que grâce aux juges elle sait rester aveugle quand il le faut. La gestion sciemment inique des tribunaux consulaires défend les privilèges de nombreux ordres. Une stratégie dont bénéficient les syndicats français qui squattent les prud'hommes et obtiennent des indemnités royales aux tire-au-flanc socialistes avec l'entière complicité de petits juges hyper-politisés, sectaires et sans formation sérieuse. Très sûre de son pouvoir, la justice encourage aussi les magouilles sans nom des tribunaux de commerce dont les administrateurs spolient allègrement les entreprises en échange de confortables dessous de tables que leur versent malhonnêtement les marchands de biens et les commissaires-priseurs.

Une autre réalité s'impose ; lorsque les autres ordres sont défaillants, les juges répondent toujours présents pour les protéger. Ils remplissent donc un rôle ingrat et injustement méconnu de fossoyeur des basses œuvres républicaines ; les marchés truqués sont pratiquement toujours enterrés au nez et à la barbe de l'opinion.

Un constat d'une rare clairvoyance légitime l'évidente supériorité des magistrats : seule une communauté autorisée à se juger elle-même peut durablement diriger l'État. Furieux de la position avancée par la magistrature, les autres organes de la fonction publique ont recours à la grève, en initiant une crise générale de tétanie. Cette réaction provoque aussitôt le rejet indigné des banques bien décidées à dénoncer l'impudence de tous ces fonctionnaires, vivant à crédit sans jamais rembourser ni le principal ni les intérêts.

Les institutions financières se présentent comme les poumons de la nation, envoyant de l'argent frais à tous ces acteurs économiques que le Trésor Public asphyxie pour combler ses déficits. Ravies d'avoir fait comprendre que *« bullshit talks and money walks »,* le baratin parle et l'argent marche, les banques rajoutent souvent une couche de pédagogie à leur démonstration avec le sérieux d'un chargé de compte expliquant que ses clients sont gérés par un génie financier, un adepte de Madoff accroc à la cocaïne et aux lignes de produits dérivés.

C'est exact, les banquiers sont géniaux car ils savent s'exonérer très rapidement des désastres que provoque leur cupidité. Insensibles aux millions d'épargnants ruinés, ils auto-diagnostiquent leurs erreurs dont l'intensité se mesure avec un indicateur boursier, le fameux ratio *« Pas de Chance »,* très prisé par les asset managers pour expliquer les retournements de conjoncture.

A l'aide de tableaux et graphiques en tout genre, incompréhensibles pour le commun des mortels, les banques soulignent avec fierté que les publicités mensongères, les manipulations de cours et les délits d'initiés, qui leur rapportent bon an mal an plusieurs milliards d'euros, n'ont jamais porté atteinte à leur réputation. Tel un guru de la City sortant sa *« belly joke »* au bon moment pour détendre les intestins et l'atmosphère, elles moquent ces petits fonctionnaires de province se partageant pitoyablement quelques maigres milliers d'euros, suite à l'attribution d'un marché public honteusement truqué.

La grande distribution, consciente de générer le cash encaissé par les banques, conteste l'insolente omnipotence affichée par les établissements financiers. Se vantant d'être les jambes et les bras de la nation, elle n'entend nullement voir sa puissance dévalorisée au seul motif que ses compétences s'apparentent aux aptitudes d'un manutentionnaire employé dans un bazar ou un souk des temps modernes.

Les hypermarchés, supermarchés et magasins spécialisés qui défigurent nos paysages, sont fiers de détruire la libre concurrence ; pour un même article les prix restent identiques sur tout le territoire national. Un oligopole, comprenant six enseignes, nourrit ainsi l'inflation à la plus grande satisfaction de ses propriétaires et des autres corporations françaises.

Les marges arrière atterrissant directement dans la poche des distributeurs, le consommateur voit son pouvoir d'achat se dégrader lentement mais sûrement. Une aubaine pour les élus qui proposent leur aide par média interposé et au moyen de législations déplorablement inefficaces, telle la loi Galland. La TVA sur les produits surfacturés fait en réalité le bonheur de l'État ; celui-ci empoche sans honte sa quote-part d'une arnaque accablant la France, confrontée à un coût de la vie parmi les plus élevés d'Europe.

La main à gauche sur son portefeuille, l'ordre des partis politiques a dès lors beau jeu de s'insurger contre la fortune amassée par tous ces commerçants cupides et sans cœur, un organe sans lequel une politique d'assistanat ne saurait prospérer.

Les socialistes savent mieux que quiconque développer leur résistance cardiaque en courant après ces citoyens susceptibles de les porter puis les maintenir au pouvoir en échange d'aides substantielles. Un exercice de longue haleine et de surcroît particulièrement dangereux, voire fatal. Ne cessant de croître en nombre et en valeur, les prétentions des assistés suscitent un stress nuisible pour le palpitant. Le diagnostic est formel, le cœur des élus souffre d'une dégénérescence incurable lui interdisant les efforts trop violents que réclame la conquête du pouvoir.

Le système nerveux, symbolisé par les médecins, ne peut que constater les dégâts ; plusieurs organes majeurs en piteux état dégradent la santé mentale de la république. La nation est au bord du suicide ; une autre thérapie s'impose d'urgence. En prescrivant des antidépresseurs à tour de stylo, le corps médical réussit à maintenir la France dans une euphorie jugulant toute révolte.

Malgré les doses prescrites, le patient français reste très angoissé à l'idée de ne pouvoir bénéficier d'un hôpital ultramoderne en bas de chez lui. Une peur compréhensible ; personne n'aime vivre dans un désert médical organisé par un ordre ciblant uniquement les villes les plus riches pour implanter les centres de soins, en oubliant que des malades, mais oui, vivent à la campagne. Manifestement, une institution absente aux endroits vitaux du pays n'est pas digne de briguer le leadership du corporatisme français.

Un corps médical décrédibilisé fait le bonheur du secteur audio-visuel qui vante à ses téléspectateurs son rôle de clown national. Il se présente comme une rate se dilatant tous les jours pour faire oublier leur triste sort à des millions d'assistés. Une interrogation tout de même ; un organe secondaire destiné à divertir le bon peuple peut-il prétendre menacer le pouvoir des autres corporations ? Surtout qu'en termes de loufoquerie, les rivaux ne manquent pas.

Les notaires, les avoués et les huissiers se proclament le nombril de la république ; simples employés aux écritures ils ont réussi à obtenir un statut véritablement régalien. Les commissaires-priseurs s'érigent en sexe de la nation vu le nombre d'extases qu'ils provoquent pendant les ventes aux enchères. Les religions s'apparentent à un foie purifiant la société de tous ses vices cachés.

Curieusement, les ordres secondaires suscitent un certain engouement parmi la population. Politiquement parlant, mieux vaut élire des sous-fifres sans envergure ni influence en espérant les contrôler, que désigner une famille au caractère hégémonique. De plus, il semble légitime de remercier ceux qui ont toujours su se faire discrets dans leur soutien au corporatisme français. Il est vrai que lorsqu'un notaire part avec la caisse ou un commissaire-priseur dérobe des œuvres d'art, rien ne filtre. Silence et bourse cousue ! Le diagnostic vital de la république apparaît engagé, aucune corporation n'est suffisamment puissante pour mener seule la France à la ruine. Bien que, attendez un instant, un organe essentiel manque à l'appel !

En se bloquant, le mouvement syndical, toujours si fier de se présenter comme l'anus de la nation, peut condamner la rate et le foie dont la crise désorganise le cerveau désormais incapable de réguler le cœur ainsi que les poumons, ce qui vous coupe les bras et les jambes.

Mon dieu, nous allions oublier les mérites de tous ces sphincters dont l'action anéantit les emplois manufacturiers, décrédibilise le service public et spolie les bénéficiaires de prestations sociales. Un tel oubli aurait pu s'avérer fatal pour la pérennité de la « Démocrotte ».

Les institutions financières perçoivent en effet très vite l'intérêt de soutenir des inutiles ayant toujours réussi à détruire l'emploi dans tous les pays où ils opèrent. Une situation de rêve pour les banques qui adorent les déséquilibres socio-économiques persistants entre les nations et engrangent des milliards d'euros en finançant les déficits publics et le commerce inéquitable.

Les sociétés publiques, la justice et l'Éducation Nationale ne s'interrogent même pas sur la nécessité d'accepter la suprématie des syndicats. Par exemple, ceux-ci encadrent les professeurs depuis longtemps, avec le succès que l'on connaît puisque le corps enseignant offre le visage d'une bureaucratie irréformable. Chaque jour, les citoyens découvrent que les horaires, les programmes, les méthodes pédagogiques, la nomination des professeurs, la gestion des effectifs et le manque de directeurs d'établissements nourrissent l'échec scolaire. Rien ne semble pouvoir progresser. Pour preuve, tout changement de gouvernement s'accompagne d'un train de nouvelles mesures que rejettent aussitôt les centrales syndicales.

Avec une joie sincère, la magistrature apporte son soutien aux partenaires sociaux de l'Éducation Nationale dont l'incapacité à évoluer est une source permanente d'inspiration. Ensembles, ils partagent d'intenses émotions complices comme la lenteur des décisions, l'absence de suivi des résultats, le mépris des meilleurs serviteurs de l'État et l'irresponsabilité des acteurs. Leurs victimes respectives, les justiciables et les étudiants, ne font qu'un dans leurs esprits puisque l'échec scolaire d'aujourd'hui envoie dans la rue les malfaiteurs de demain. Bénéficiant d'une double protection sans odeur, le droit de grève et le silence édifiant de la hiérarchie, les juges et les syndicalistes sont unis corps et âme dans la désagrégation de la démocratie française.

Opérant traditionnellement de manière occulte, les corporations dites sociales, aussi bien laïques que religieuses, hésitent à soutenir des oisifs protégés et dont les élections professionnelles ou confessionnelles dénoncent l'inutilité. Clairement, le droit de grève n'a jamais rempli les salles des ventes et encore moins des prières.

Toutefois, les cultes de toute obédience apportent discrètement leur soutien moral aux syndicats sans en accepter la présence dans leurs hémicycles. Hors de question d'indisposer la petite bourgeoisie locale qui, durant les offices, reverse les espèces que lui procure le travail au noir.

Ardemment entretenue par le corporatisme syndical, la « Démocrotte », dont le vrai nom médical est *« Chienlit gaullienne »* en hommage à son inventeur, se généralise, poussant les citoyens ruinés et démoralisés dans les bras grand ouverts des autres ordres. En France, l'ensemble des secteurs d'activité où les syndicats exercent une réelle influence sont actuellement sinistrés. La liste est longue. 20 % des élèves sont incultes en quittant l'Éducation Nationale après environ neuf années d'études. La justice est indigne d'une démocratie par sa lenteur et sa protection des magistrats. Les caisses d'assurance-maladie et de retraite auraient fait faillite depuis très longtemps si l'État ne volait pas systématiquement à leur secours en accumulant une dette compromettant la prospérité des générations futures. La défense de l'emploi au nom du service public a engendré des effectifs pléthoriques et financés à crédit.

Les infrastructures sont si sous-développées que les usagers endurent quotidiennement un calvaire. Ceux-ci affrontent d'interminables bouchons ou s'entassent dans des trains tels des déportés se rendant vers leurs camps de travail. En ce qui concerne le secteur énergétique, le bilan est tout aussi accablant. La moindre tempête se traduit par un cataclysme électrique puisque l'EDF finance grassement son comité d'entreprise au lieu d'enfouir ses lignes comme le font depuis bien longtemps les pays nordiques en Europe.

Depuis mai 1968, les partis politiques, à Droite comme à Gauche, appliquent des pansements de premier secours sur une gangrène. Les réformettes passent et les syndicalistes aboient sans que ne soit jamais adressée l'unique raison pour laquelle la France décline inexorablement : la loi viole les droits constitutionnels que sont la liberté, l'égalité et la responsabilité.

Un individu qui dégrade le bien d'autrui s'expose à une sanction pénale. Un groupe de syndicalistes coupables du même délit sera considéré comme dans la légalité. Cette différence de traitement fait honte puisque la loi ne peut être transgressée au seul motif qu'elle sert un intérêt général fictif.

Mettre fin en France à la malsaine prépotence corporatiste nécessite d'éliminer dans la constitution française toute référence à une disposition collective qui contrevient aux droits individuels fondamentaux. Par exemple, le terme « grève » prive en toute légalité le travailleur de sa liberté. Il n'aurait jamais dû être inscrit dans la constitution si l'un de ses principaux droits stipulait que « *la rémunération du travail doit être partagée équitablement avec celle du capital* ». Mais, politique oblige, un droit positif a été annihilé par une prérogative réservée à une minorité dont il fallait obtenir le soutien pour former une majorité électorale.

Dans le même esprit, une nationalisation est un affront sans nom au principe selon lequel *« la propriété étant un droit inviolable et sacré, nul ne peut en être privé »*. Aucune entreprise du secteur public n'a jamais démontré son impérieuse nécessité mais, en revanche, a souvent engendré des pertes financières colossales et prouvé son incapacité à délivrer la qualité de service rencontrée dans le secteur privé. La constatation légale d'une utilité collective imaginaire, en l'occurrence une nationalisation, bafoue donc le principe constitutionnel de liberté pour satisfaire les ambitions électorales exprimées par une minorité.

En finir avec l'impunité corporatiste réclame une autre initiative : repenser le concept d'entreprise que l'on définira comme une structure regroupant des moyens humains, matériels, immatériels et financiers dont l'utilisation coordonnée fournit des biens et services. N'en déplaise aux idéologues socialistes, cette définition s'applique également aux administrations même si celles-ci n'ont pas vocation à rémunérer des actionnaires recherchant rapidement une plus-value boursière.

En France, un entrepreneur se noie avant même de se jeter à l'eau tellement le statut juridique des sociétés lui fait perdre pied. Allez, une grande aspiration et puis on effectue le décompte d'une seule traite pour tester notre résistance à la noyade intellectuelle.

Il faut du souffle car la liste est longue : Auto-entrepreneur, Entreprise Individuelle, Entreprise Unipersonnelle à Responsabilité Limitée (EURL), Entreprise Individuelle à Responsabilité Limitée (EIRL) Société en Nom Collectif (SNC) Société à Responsabilité Limitée (SARL), Société d'Exercice Libéral à Responsabilité Limitée (SELARL), Société Civile Professionnelle (SCP), Société par Actions Simplifiée (SAS), Société par Actions Simplifiée Unipersonnelle (SASU), Société Anonyme (SA). Encore un effort : Société d'Exercice Libéral à Forme Anonyme (SELAFA), Société en Commandite par Actions (SCA), Société d'Exercice Libéral en Commandite par Actions (SELCA), Société Civile (SC), Société Civile Immobilière (SCI), Société Anonyme Sportive Professionnelle (SASP). Maintenant, respirez lentement pour calmer votre exaspération devant cette absurdité dont nos chers élus sont si fiers.

Posons-nous la question qui sauve : ne pourrait-on pas faire faire plus simple ? Certainement, mais à condition de repenser entièrement le concept, ce qui exclut d'empiler de nouveaux statuts sur les anciens. Une ambition fort louable mais contraire à la tradition législative française qui ne remet jamais en cause un droit acquis. Il faudrait notamment que l'État ait le courage de nettement favoriser fiscalement les entreprises non cotées pour restreindre les risques que fait peser la spéculation boursière sur la nation toute entière.

De toute évidence, la fonction publique est une entité à but non lucratif mais dont le financement fait appel au marché qui note sa dette et fixe les taux des bons du trésor, comme la bourse détermine le cours d'une société cotée. Le rating de l'État conditionne la prospérité d'un contribuable tandis que la notation d'une société par actions impacte la richesse d'un actionnaire.

Le fait qu'une administration ne soit pas listée sur les marchés financiers ne l'exonère pas de se conformer aux règles de gouvernance applicables à un directoire et à un conseil de surveillance. Une commune devrait utiliser ce type de direction bicéphale pour gérer ses deux sources de revenus : la taxe d'habitation et l'impôt foncier. La même logique s'applique à un ministère. Si, par exemple, celui de la santé levait un impôt sur l'alcool, il aurait obligatoirement à former une société dont les organes de gestion et surveillance démontreraient que les taxes ont été correctement affectées à l'usage auquel elles étaient destinées.

Qu'ils appartiennent à la fonction publique ou au secteur privé, les administrateurs ont finalement tous une mission identique : protéger le bien-être et le patrimoine des citoyens. Il n'existe légalement aucune raison de garantir aux hauts fonctionnaires une immunité dont ne bénéficieraient pas les dirigeants de sociétés anonymes. Une fois admis ce précepte, le droit et les ordres administratifs disparaîtront, emportés par un tsunami constitutionnel, la même responsabilité pour tous.

Dans une république ayant élevé la solidarité au rang des grandes causes nationales, l'État sous-utilise les sociétés non cotées à financement public et privilégie au contraire ces charlatans du privé qui s'enrichissent grâce au *« charity business »* en ponctionnant honteusement les sommes versées. Environ 20 % de l'argent collecté ne parvient jamais aux destinataires des dons.

La charité est trop importante pour être confiée aux seules fondations en charge de la souffrance humaine. Prenez le cas de certaines maladies rares et touchant une population restreinte de patients. Ceux-ci sont logiquement boudés par les laboratoires pharmaceutiques qui recherchent en priorité des molécules soulageant les plus riches. Au lieu de favoriser la générosité spectacle, il serait plus efficace d'encourager fiscalement la création d'entreprises non cotées, à financement public et dont la finalité ne serait pas le profit court terme, mais le bien-être d'une communauté.

Crash après crash boursier, les politiques dénoncent la cupidité des institutions financières qui jouent à la loterie avec l'argent des autres et dont les dirigeants se rémunèrent grassement, quels que soient leurs résultats. En période d'euphorie spéculative orchestrée par leur soin, les banquiers se goinfrent littéralement. Plusieurs centaines de milliards d'euros de bonus annuels sont ainsi distribués sur les principales places financières : New York, Londres, Francfort, Paris, Tokyo et Hong Kong.

Après chaque cataclysme boursier provoqué par leur cupidité, les banques placent sur les marchés la dette des États qui ont volé à leur secours pour éviter le naufrage de l'économie réelle. Ces placements leur rapportent des dizaines de milliards d'euros de commissions aussitôt converties en somptueux bonus. Un tel scénario abject explique pourquoi en 2008, les banques moribondes après l'explosion d'une bulle spéculative, sans précédent depuis 1929, se sont très vite rétablies, remboursant les prêts consentis par les États et ramenant leurs rémunérations à leur meilleur niveau de l'année précédente.

On ne peut que s'interroger une nouvelle fois sur la réelle volonté politique dont font preuve les états pour éradiquer la spéculation qui enrichit une minorité de nantis sans éthique et affame la majorité des plus vulnérables. Pourtant, une mesure radicale contre la cupidité spéculative existe : imposer la création d'entreprises non cotées, à but lucratif et financement public.

Les états devraient interdire aux producteurs de matières premières d'être cotées en bourse et les obliger à ouvrir en toute transparence leur capital aux seules entreprises transformant les ressources agricoles, minières ou énergétiques. Celles-ci sécuriseraient leurs approvisionnements en achetant uniquement pour stocker ou produire ; une fiscalité dissuasive décourageant la revente à but spéculatif.

De nos jours, la création d'entreprises financées par des investisseurs privés s'avère vitale puisque le marché du crédit est asséché par les emprunts étatiques. Les banques préfèrent octroyer les prêts garantis par le Trésor Public plutôt que financer des entrepreneurs apportant leur maigre patrimoine comme unique caution. La France est ainsi encroûtée dans un modèle économique dépassé où végètent les artisans et les professions libérales ; les petites entreprises ne pouvant fédérer leurs compétences respectives pour offrir de meilleurs services à un prix moindre, relançant ainsi la croissance par la consommation et la production locale.

En concevant une fiscalité du capital très incitative pour les petites sociétés non cotées, l'État français pourrait faciliter l'éclosion de moyennes entreprises innovantes et se développant à l'international, ce dont profiteraient in fine le marché du travail et la balance des paiements.

A elle seule, la refonte du statut juridique des sociétés ne pourra toutefois pas éradiquer l'impunité des corporations car il est bien connu que tout système se conçoit pour être perverti. Une autorité morale incontestée doit s'assurer que toute entité socio-économique respecte le principe de responsabilité universelle qui assure la survie d'une démocratie.

Seule une justice indépendante peut assumer ce rôle. En aucun cas les pouvoirs politique et économique ne sauraient remplir une telle mission puisque la défense de leurs privilèges les incite naturellement à corrompre le cadre législatif, au détriment de l'intérêt général que recherchent les citoyens.

Le pitoyable échec de la république française que dénonce la « Démocrotte » est avant tout celui de sa justice qui ne mérite aucune considération ; celle-ci n'ayant fait que conforter l'impunité des ordres, en commençant par privilégier sa propre chapelle. Depuis la Cour de Cassation jusqu'aux tribunaux d'instance, la magistrature est vérolée par un abject corporatisme dont profitent les avocats et les juges au détriment des justiciables. Contrairement aux autres pays, où l'on applique le droit, la France juge en droit et inévitablement à l'envers.

Le jugement peut paraître très sévère, mais une analyse sans complaisance des structures et procédures judiciaires actuelles démontre que la France n'a voulu mettre en œuvre aucune disposition essentielle dont dépend la défense des droits universels de l'homme et du citoyen. Sous la pression des ordres, elle a laissé sa justice se déliter en promulguant une législation insensée autorisant la confusion entre jugement et instruction, l'absence totale de véritable débat contradictoire et, pour couronner le tout, l'irresponsabilité des magistrats.

Pour mieux contrôler l'autorité judiciaire, le parlement français se refuse à séparer les missions relevant du jugement de celles incombant à l'instruction. Il bafoue ainsi l'indépendance de la justice qui est privée de sa faculté à exercer sereinement sa mission. Les magistrats sont en effet dans l'incapacité d'évaluer sans contrainte les preuves rassemblées par les avocats, ainsi que le ministère public lorsque les circonstances l'exigent, notamment en matière pénale.

Un juge doit être libre de refuser voire sanctionner une instruction injustifiée ou erronée. Tant que le Parquet sera dirigé par le Ministère de la Justice, les procédures bâclées, instrumentalisées ou enterrées, rythmeront la vie judiciaire des Français. La nécessaire séparation des pouvoirs entre jugement et instruction doit s'accompagner d'une autre révolution juridique : l'impartialité. Les entités responsables de l'instruction doivent avoir les mêmes droits et obligations vis-à-vis des magistrats. Ceux-ci devraient se voir interdire tout contact avec les avocats et le parquet en dehors des audiences formellement fixés par un code de procédure.

Aujourd'hui les avocats français, qui devraient faire partie de l'instruction, dissimulent leur incompétence en vantant et vendant leur carnet d'adresses au sein de la magistrature. Ceci les amène à ménager les magistrats qui ont commis des erreurs manifestes de droit.

En la matière, difficile de faire pire que les tribunaux de commerce et les prud'hommes dont les juges, les conseillers et les auxiliaires officient après une formation dont la durée est ridicule, quelques mois au plus. Les citoyens sont donc impuissants face à une collusion qui pervertit l'organisation du débat contradictoire.

Autre évidence, le mensonge au cours d'une procédure judiciaire n'est pas condamnable, et donc sanctionné, comme il le devrait. Les conclusions déposées aux greffes des tribunaux constituent en réalité des tromperies certifiées par les avocats, qui restent toujours impunis lorsqu'ils dissimulent ou travestissent sciemment la vérité. La Cour de Cassation ne casse rarement un jugement obtenu par la fraude car elle considère cyniquement qu'un magistrat trompé a rendu son verdict souverainement.

Le débat contradictoire en France est inexistant car il se circonscrit à un dépôt de dossiers commentés par les avocats, en deux temps trois effets de manche, durant un simulacre d'audience. Au civil, il n'existe aucun examen détaillé des raisons de fait ; les témoins ne sont jamais appelés à la barre et enregistrés, pour que soit contre-examinée la véracité de leurs dépositions. Les procédures de mise en état illustrent la détresse judiciaire accablant la nation : les chefs d'accusation ne sont ni explicités ni soutenus par des raisons valables de droit permettant aux magistrats de rendre un verdict juste.

La Cour de Cassation symbolise un déni permanent de justice : les audiences se déroulent en vase clos, le débat contradictoire est inexistant, les renvois sont basés sur des faits non probants et un tiers des pourvois atterrissent directement à la poubelle, puisque la plus haute autorité judiciaire est légalement libre de ne pas répondre.

In fine, la Cour de cassation ne remplit qu'une seule mission consistant à dédouaner les juridictions de niveau inférieur sans commettre une infraction trop manifeste qui inciterait le justiciable à porter l'affaire devant la Cour Européenne des Droits de l'Homme. Concernant le refus du débat contradictoire, il y a encore pire que la Cour de Cassation. Le Conseil d'État, une vile institution où l'État juge l'État, fera vite regretter à un justiciable de vouloir obtenir une juste réparation des fautes commises par la fonction publique.

Les magistrats français jouissent d'une totale impunité, une prérogative que la loi devrait pourtant prohiber car contraire à l'esprit de la constitution. Si l'erreur est humaine, sa sanction doit être responsable. Actuellement, le citoyen victime d'une défaillance judiciaire gravit le calvaire qui mène au Golgotha de la Cour de Cassation ou du Conseil d'État. Une erreur manifeste de droit commise par un tribunal devrait aboutir à nouveau procès devant un jury populaire, convoqué au même niveau de juridiction et qui aurait aussi à se prononcer sur la responsabilité du magistrat incriminé.

Lorsque la justice dérape, c'est au peuple, et non à la rue, de la rendre équitablement. L'introduction des jurys populaires moralisera la magistrature qui ne pourra plus se défausser en abusant des jugements tampons. La France a également un besoin urgent de tribunaux d'instance maîtrisant parfaitement le droit, ce qui supprimera les cours d'appel, que seul justifie le travail bâclé des premiers juges. Puisqu'il existe une Cour de Cassation, deux niveaux distincts de juridiction suffisent dans une démocratie où veille l'œil de la Cour Européenne des Droits de l'Homme.

Bien gérée, la justice répondra aux attentes des citoyens allergiques au droit administratif et aux conseils supérieurs des ordres, autorisés à se juger eux-mêmes. L'institutionnalisation de l'impunité a transformé la France en une république betteravière faisant le bonheur des élus de toutes tendances, puisque dans une société où le concept de responsabilité a disparu, le citoyen se tourne bêtement et aveuglement vers le pouvoir politique.

Il ne se passe plus un seul jour sans qu'un frustré ne réclame en larmoyant l'intervention d'un représentant du peuple pour fuir sa propre irresponsabilité. Un village est sous les eaux suite à une tempête et les victimes survivantes pleurent leurs morts en maudissant le pouvoir exécutif et les collectivités territoriales. Les citoyens cupides et vaniteux qui se sont installés sur une zone mortellement inconstructible sont ainsi exonérés de leur inadmissible inconscience.

Au moyen âge, les bûchers attisés par la bêtise populaire enflammaient déjà les foules rassemblées place de Grève, en l'absence remarquée des syndicats, pour valoriser l'image sécuritaire des rois. Aujourd'hui, la désinformation embrase le ressentiment des Français contre l'initiative privée et responsable pour mieux justifier la survie d'un État défaillance agonisant. Les ordres impunis ont beau avoir masqué pendant un quart de siècle les politiques accablantes poursuivies par François Mitterrand et Jacques Chirac, les réalités de l'économie mondiale ont finalement rattrapés la fiction de l'assistanat socialiste.

La fuite des cerveaux et les délocalisations perdurent sous une pluie de mesures inefficaces ne parvenant plus à contenir un déluge d'indicateurs socio-économiques calamiteux. Les digues de fortune érigées par le parlement pour protéger les ordres cèdent les unes après les autres ; ceux-ci sont engloutis sous un flot d'indignation et de mépris populaires. Acculés au fond d'une impasse submergée par le collectivisme, les élus n'ont plus qu'une seule issue : laisser les importations envahir une France qui a détruit son industrie. Contraint et forcé, le pays lève alors ses barrières douanières et subit la dictature des pays sans éthique sociale ou écologique. La « Démocrotte » entame son ultime phase, celle du commerce inéquitable.

Chapitre 9

Le commerce inéquitable

A la longue, le doute envahit toujours les ordres impunis, à la recherche de l'ultime parade pour conjurer la vindicte populaire. En France les électeurs, ayant soutenu pendant vingt-six ans François Mitterrand puis Jacques Chirac, ressentent le profond découragement d'un peuple dont la confiance s'estompe d'avantage après chaque scrutin, en contemplant les délocalisations, le chômage et la disparition des classes moyennes.

Lorsque le processus de « démocrotisation » atteint son apogée, le monde politique en pleine décomposition se comporte alors comme un déserteur abandonnant son pays aux forces ennemies de la globalisation mondiale. À ce stade de la déchéance, seul un miracle peut encore convaincre l'électorat qu'il est inutile de revenir aux bonnes vieilles méthodes barbares de 1789 pour recouvrer la liberté, en exterminant non plus la royauté mais les élus républicains. Dès qu'une menace pèse sur leur entente séculaire, les ordres se réfèrent souvent à ces dogmes ou ces croyances universelles qui renforcent la fraternité dans une communauté. Il faut en effet vite déjouer les initiatives solitaires de francs-tireurs cherchant à exploiter seuls une situation socio-économique fortement dégradée.

Les religions judéo-chrétiennes ayant marqué l'histoire de la France, la solidarité corporatiste s'inspire naturellement des Dix Commandements, un texte prémonitoire ou figuraient déjà les interdits républicains que sont le meurtre, le vol, le mensonge et l'adultère, pour ne citer qu'eux. Pour mieux convaincre les électeurs de subir le joug du commerce inéquitable, les ordres ont coopté les turpitudes commises par un certain Moïse et qui avaient contraint le Dieu tout puissant à intervenir, très en colère, au sommet du mont Sinaï.

Il semble bon de rappeler que les Dix Commandements furent publiés à une époque où la Judée était riche mais moralement mal en point. Les marchands du temple spéculaient avec délectation, les croyants attendaient sans travailler un certain Jésus, annoncé comme le messie de l'assistanat spirituel, et le peuple ne pouvait plus distinguer la vérité du mensonge puisque tout se négociait en permanence. Malgré un niveau de vie plutôt élevé, la population se lamentait sans cesse, de murs en murs.

A cette époque, les citoyens judéens les plus cupides quittaient donc leur contrée pour exploiter les richesses autour du Nil. L'histoire raconte aussi qu'ils furent un jour chassés d'Egypte mais, curieusement, ne mentionne pas qu'ils y étaient rentrés pour une raison fort valable : le besoin naturel de piller les ressources et le travail d'autrui, une spécialité régionale encore très en vogue.

L'intervention du Dieu tout puissant était parfaitement légitime car il fallait mettre un terme aux agissements d'expatriés pillant les richesses accumulées par les Pharaons selon un procédé aujourd'hui interdit, la vente pyramidale. Le commerce inéquitable avait atteint une telle ampleur qu'une diffusion foudroyante des Tables de la loi s'imposait. Le premier des Dix Commandements énonça en effet : *« Tu n'auras pas d'autres dieux devant ma face »* pour empêcher les affairistes judéens de vénérer l'argent comme seule divinité.

En ces temps-là, le fric coulait à flot au Moyen-Orient. La Galilée idolâtrait la volatilité de torrents nourris par la spéculation tandis que l'Egypte honorait la puissance d'un grand fleuve dont le cours fluctuait selon les saisons. Entre les deux royaumes, la volatilité monétaire était si intense que les commerçants s'enrichissaient sans aucun scrupule en pariant sur les écarts de change.

Soucieux de perpétuer un juste compromis entre spiritualité et matérialisme pour entretenir l'utopie, les ordres français réservent en priorité le commerce inéquitable aux pays asiatiques où l'athéisme est de mise. Ainsi dieu n'est jamais déshonoré par les échanges immoraux. Les banques ont tout à gagner d'une telle politique dans une économie qui importe ses biens de première nécessité pour aider plusieurs millions de citoyens sans emploi à survivre.

Les institutions financières ne se contentent pas de prélever leur dîme sur les transactions commerciales avec les pays étrangers à bas coûts. Puisque la nation française offre charitablement ses nobles activités manuelles, comme la voierie, le nettoyage et le bâtiment, aux immigrés, ceux-ci doivent en remerciement régler les exorbitants frais de change et de transfert prélevés sur tous les mandats cash qu'ils expédient vers le tiers-monde. Le pillage se doit de fonctionner dans les deux sens !

Le comportement ostentatoire des judéens suscita un autre chapitre des tables de la loi. Très jeune, Moïse faisait une consommation exagérée de viandes onéreuses ; une manie dont se moquaient ses camarades qui lui offrirent pour ses quinze ans une superbe statuette dorée en forme de bovin. Ce présent changea définitivement l'attitude de l'adolescent, dès lors convaincu de l'emprise que suscite cette opulence qu'envient vachement les masses incultes.

Partant du postulat qu'un veau en or pouvait impressionner les Pharaons habitués à déguster de l'ibis momifié dans du papyrus premier prix, Moïse exhortait donc à idolâtrer le luxe sur la terre, dans les eaux et le ciel. Une dérive que refusa logiquement le Dieu tout puissant, habitué à vivre dans une extrême simplicité.

Rien d'étonnant à ce que le second des Dix Commandements fut ainsi formulé : « *Tu ne te feras point d'image taillée, ni de représentation quelconque des choses qui sont en haut dans les cieux, qui sont en bas sur la terre, et qui sont dans les eaux plus bas que la terre* ». Un très beau discours à l'intention des miséreux mais une offense à l'encontre des riches pour lesquels le luxe est une idole devant laquelle l'argent se prosterne sans honte ni retenue.

Les ordres français considèrent toujours Moïse comme le visionnaire de son temps, malgré son incapacité à honorer la seconde parole divine. L'idée d'utiliser le luxe pour promouvoir l'asservissement fut la grande avancée sociale de l'antiquité. Inspiré par cette vision de génie, les médias entretiennent aujourd'hui la psychose populaire de l'ostentation. Leur stratégie consiste à mépriser hypocritement l'argent pour promouvoir en contrepartie ces merveilleuses créations de la mode et de la bijouterie dont raffolent les dirigeants du commerce inéquitable, venant à Paris pour remercier la France d'avoir délocalisé ses emplois.

Le troisième des Dix Commandements, qui stipulait que « *Tu ne prendras pas le nom de l'Éternel, ton Dieu, en vain ; car l'Éternel ne laissera point impuni celui qui prendra son nom en vain* », avait pour objectif de rabaisser le caquet de Moïse avant son retour en Judée. En effet, le leader de l'exode se considérait depuis l'adolescence comme le dieu de l'arnaque.

Ayant toujours été un élève modèle, Moïse fut même admis dans la meilleure *business school* de sa contrée où il se spécialisa en publicité mensongère. Bien décidé à rentabiliser ses coûteuses études, il organisa donc sa première campagne en Egypte avec la ferme intention de glorifier le commerce inéquitable. La supercherie était énorme mais absolument nécessaire car il existait une vallée regorgeant d'objets précieux que des citoyens fortunés avaient dissimulés dans des coffres, appelés sarcophages, pour échapper à l'impôt sur la fortune.

Sans le savoir, Moïse créa ainsi la première congrégation mondiale des marchands d'arts, dont certains descendants officient toujours avec ce niveau de tromperie nauséabonde qui détruisit le si beau nez, non pas de Cléopâtre, mais du Sphinx de Gizeh.

Les fonctionnaires français se sont toujours considérés comme les dieux du commerce inéquitable car leur incombe le contrôle des importations en provenance des plus grands pollueurs et esclavagistes mondiaux. Leur stratégie consiste à vanter l'amitié unissant la France aux régimes totalitaires qui savent si bien imposer ces conditions de travail proscrites dans les économies libérales et refuser la présence sur leur sol d'ONG trop curieuses.

Moïse possédait une vision du commerce inéquitable très en avance sur son temps. Ses études prestigieuses lui avaient en effet appris que les cadences infernales de travail rentabilisaient rapidement la production dans les pays « *low cost* », une contrainte parfaitement maîtrisée par les bâtisseurs de pyramides. Voulant imposer sa conception de l'économie antique dans tous les secteurs économiques, le leader judaïque commit une légère erreur d'appréciation en n'octroyant aucun repos hebdomadaire à ses disciplines et sous-traitants pour pratiquer leur religion.

Le Dieu tout puissant s'empressa de corriger cette omission blâmable mais néanmoins pardonnable, car commise par un simple mortel. Exploitant habilement cet incroyable orage qui frappa le mont Sinaï, il prit personnellement en main la rédaction du quatrième commandement auquel il insuffla une bonne dose d'esprit divin : « *Souviens-toi du jour du repos, pour le sanctifier. Tu travailleras six jours, et tu feras tout ton ouvrage. Mais le septième jour est le jour du repos de l'Éternel, ton Dieu* ».

En fermant les yeux sur la surexploitation des travailleurs dans les marchés émergeants, les ordres en charge de la protection sociale française reprennent finalement à leur compte la stratégie utilisée par Moïse avant l'exode.

Les cotisations pour la retraite, la santé et la prévoyance ont atteint de tels niveaux démentiels que les travailleurs français perdent leurs emplois désormais exercés par ces esclaves des temps modernes, s'employant au minimum 70 heures par semaine pour une rémunération mensuelle souvent inférieure à cent euros. Avec une ironie non dissimulée, les banques suggèrent toujours d'ignorer un tel drame social puisque depuis trente ans les syndicats imposent cette aberration à la France, sans réaction aucune des électeurs.

La Judée a toujours été réputée pour ses mères ultra-possessives interdisant à leurs fils de les quitter pour s'acoquiner avec des femmes dont les valeurs religieuses n'incitent pas à s'enrichir sans aucune morale. Il était évident qu'une telle coutume pouvait sérieusement ralentir le recrutement d'exilés volontaires, convaincus que *« si partir c'est mourir un peu, s'expatrier c'est s'enrichir beaucoup »,* une devise qui décuplait leur énergie à chiner de tombe en tombe.

Moïse institua donc le déracinement familial, seul capable d'assurer la survie du commerce inéquitable. Son impact fut particulièrement bénéfique à court terme ; les disciples de l'Exode, dont la plupart étaient issus de familles nombreuses, quittèrent leurs foyers maternels avec liesse pour échapper coûte que coûte aux marâtres criardes qui leur pourrissaient la vie.

À long terme, le résultat obtenu s'avéra très décevant car les fidèles de Moïse, trop accaparés par leurs excavations, négligèrent d'écrire régulièrement à leurs mamans. Cet inexcusable oubli provoqua un concert incessant et assourdissant de lamentations, une gêne insupportable pour les oreilles du Dieu tout puissant dont les nerfs furent très vite à bout. D'où un coup un sacré coup de gueule qui interrompit le vacarme des gémissements ; le cinquième commandement fut ainsi gravé : « *Honore ton père et ta mère, afin que tes jours se prolongent dans le pays que l'Éternel, ton Dieu, te donne.* »

L'ordre des allocations familiales a toujours rendu un vibrant hommage à Moïse, l'inventeur du déracinement économique. Cette vénération était réellement sincère car la protection sociale française peut se vanter d'avoir surpassé son maître à penser. Celle-ci a réussi ce que le fondateur du judaïsme avait secrètement rêvé d'accomplir : détruire la cellule familiale non seulement au sein de son propre royaume mais dans toutes les contrées où le commerce inéquitable présente un intérêt certain. En effet, la politique d'assistanat tous azimuts de l'État oblige de nombreux foyers français à fuir une nation où les prélèvements obligatoires ruinent les citoyens méritants et à s'expatrier pour instaurer le commerce inéquitable. Elle a aussi réussi à désintégrer plusieurs millions de pauvres familles étrangères dont les parents ou les enfants les plus fragiles sont forcés de s'exiler à l'étranger.

Les immigrés voient leur misérable condition empirer car ils sont contraints de faire vivre leurs tribus restées au pays mais, en contrepartie, très vite informées par Western Union du droit régalien protégeant les inactifs ; les travailleurs doivent nourrir les oisifs. Les ordres ont réussi à globaliser l'assistanat, une performance similaire à la mondialisation du système métrique. Un soupçon d'inquiétude subsiste néanmoins chez certains d'entre eux puisque la solidarité envers l'assisté a ses raisons qu'ignorent les légitimes motifs de l'exaspération.

Le Parti Socialiste eut même l'idée géniale d'intensifier le déracinement familial en réduisant les horaires de travail, une initiative dont les coûts exorbitants obligeraient à promouvoir d'avantage le commerce inéquitable. Ainsi tout le monde y trouverait son compte ; les transactions financières et les aides étatiques atteindraient des niveaux record à la plus grande satisfaction des banques et des syndicats. Fixer une nouvelle durée légale du temps de travail ne prit que quelques secondes. Un halluciné, se croyant visionnaire, lança un ballon d'essai avec le chiffre incompréhensible de 35 heures, qui fut immédiatement adopté.

Moïse savait pertinemment que l'asservissement économique des pays étrangers s'accompagne systématiquement de tragédies sociales qui ne doivent en aucun cas freiner le recours aux esclaves locaux.

Les premières fouilles le long du Nil provoquèrent une hécatombe parmi les ouvriers Egyptiens qui furent souvent décimés par les maladies tropicales avant même d'arriver sur leurs lieux de travail. Les Pharaons commencèrent à sérieusement râler puisqu'un cruel manque de main-d'œuvre qualifiée se faisait ressentir dans tous les secteurs du bâtiment. Les pyramides, notamment, accusaient d'inacceptables retards de livraison.

Les familles des victimes, implorant le ciel sans arrêt, firent beaucoup trop de bruit pour rien. Le Dieu tout puissant se décida à intervenir ; déjà très agacé par les lamentations des matrones judéennes, il rédigea donc seul le sixième commandement.

Conscient qu'un mort n'est plus en mesure de verser son denier du culte, il promulgua une loi on ne peut plus sibylline : « *Tu ne tueras point* » ; une rédaction simpliste mais pas du goût de tous. Curieusement, celle-ci galvanisa le courroux des disciples de l'Exode qui la perçurent comme une inadmissible atteinte au sacro-saint équilibre entre l'offre et la demande. Au pied du Sinaï, ils détruisirent un superbe veau d'or. Pris de panique, Moïse remonta à toute allure au sommet du mont sacré pour vérifier si une malencontreuse erreur typographique ne s'était pas sournoisement glissée parmi les Tables de la loi. Hélas non, la divine expression avait été fidèlement transcrite.

Habitué depuis toujours à pratiquer la langue de bois précieux, l'ordre des diplomates français cherche systématiquement à noyer le poisson dans le Nil. Il s'abrite derrière le principe de non-ingérence, qui s'impose à toute politique étrangère, pour tolérer le massacre des travailleurs du tiers-monde, dont les dirigeants torturent et tuent les opposants à leur régime sans que la diplomatie déjà ne s'en émeuve. L'un des ambassadeurs les plus en vue sur la scène internationale évoque souvent ce principe souverain suivi par l'Organisation des Nations Unies pour intervenir à bon escient : *« un mort c'est une perte, dix morts un drame, cent morts une catastrophe, mille morts une statistique »*.

Les magistrats apportent de l'eau au moulin de la lâcheté diplomatique en indiquant que, grâce à eux, sont restés impunis les élus dont la cupidité et l'incompétence ont provoqué ces catastrophes sanitaires ou écologiques dont les victimes se comptent en centaines voire en milliers. Il apparaît bien difficile de faire condamner les républiques tueuses sans commencer à balayer devant sa porte. L'appareil judiciaire exhorte toujours à brouiller les esprits en jouant sur l'ordre de grandeur des calamités. Dix morts au Lichtenstein font la une des journaux, mille défunts au Bangladesh passent inaperçus. Cette idée pleine de bon sens oriente le commerce inéquitable vers les nations les plus peuplées où, dans l'indifférence générale, prospèrent les usines tournevis, les agricultures polluantes et les dépotoirs mortels.

L'histoire a négligé de révéler une obsession trop méconnue de Moïse, son goût immodéré pour les plaisirs de la chair, autre que celle de ces très chers bovidés qui inspirèrent la seconde parole des Tables de la loi. S'exiler en Egypte sans assouvir sa passion pour les nuits libertines était au-dessus de ses forces. Celles-ci l'abandonnaient lorsque lui revenait à l'esprit la volonté du Dieu tout puissant qui prônait très judicieusement l'abstinence durant les voyages d'affaires.

Dopé par de fortes et régulières poussées de testostérone, Moïse incitait pourtant ses fidèles à recourir au tourisme sexuel pour oublier les souffrances de l'adultère. Cherchant à ménager la chèvre et le chou, il argumentait souvent que les affaires extra-maritales dans un contexte purement professionnel ne pouvaient susciter aucun désir spirituel de tromper les épouses légitimes. Selon lui, l'adultère était comme le mensonge ; commis de bonne foi il évite la douleur du remord.

Mais, les invitations répétées à l'infidélité transformèrent la fratrie de l'Exode en un véritable lupanar ambulant qu'aucune force divine ne put dévier de sa triste destinée. Estimant que le sujet de la sexualité du travailleur expatrié ne le concernait point, le Dieu tout puissant laissa les mortels régler d'eux-mêmes le cours des événements. Cette période rose précédant l'Exode fut la goutte d'eau qui fit déborder le Nil, malheureusement en pleine période de récoltes.

La violente réaction des Pharaons ne se fit pas attendre ; ils rassemblèrent toutes les jeunes vierges n'ayant pas encore croisé le chemin des pillards judéens et les emprisonnèrent sous la bonne garde d'eunuques. De très nombreux disciples du commerce inéquitable, faits prisonniers, furent castrés sans ménagement, ni bâillon, et affectés à la surveillance des harems. Les gémissements des castras parvinrent jusqu'aux oreilles de Moïse, dès lors contraint d'implorer le pardon du Dieu tout puissant. Celui-ci lui dénia sa clémence en refusant pudiquement d'aborder un sujet aussi chaud dans les Tables de la loi. L'organisateur de l'Exode s'affola ; il serait tragique d'avoir échappé à la castration en Egypte pour finalement se voir infliger le même châtiment en Judée par l'une de ses épouses jalouses.

« En situation anormale, comporte-toi de manière anormale ». Cette règle de vie, officialisée par Edouard Kipling plusieurs siècles plus tard, sauva Moïse de la perte assurée d'un organe vital. Honteux mais fier de son génie, il mit à profit son séjour au sommet du Sinaï pour furtivement engraver un septième commandement nullement prévu au programme : *« Tu ne commettras pas d'adultère »*. Devant une telle hypocrisie, le Dieu tout puissant faillit le foudroyer. Il se ravisa car la Judée aurait pu lui reprocher, à travers un réseau social du type téléphone arabe, sa liaison adultérine avec Eve qui lui donna deux fils, Caïn et Abel.

L'ordre de l'audio-visuel, pour lequel l'adultère est pratiquement un critère d'embauche, perpétue les frasques de Moïse. Le déracinement familial accélérant la castration affective des peuples, la télévision est régulièrement appelée en renfort pour promouvoir une initiative à la « mord-moi-le-nœud » très efficace : globaliser la diffusion de ces reality shows dont les participants en rut s'ingénient à réanimer la libido des téléspectateurs.

Les caprices et les pleurnicheries de dégénérés cloîtrés pendant plusieurs semaines dans un château, un loft ou une paillote cherchent indéniablement à raviver un soupçon de désir sexuel chez les serfs républicains. Les élus communistes cautionnent une politique les débarrassant définitivement de la déplorable image héritée du stalinisme ; le micro et la capote remplacent désormais la faucille et le marteau.

Moïse avait toujours ressenti au plus profond de lui le besoin de finir ses vieux jours en Judée. Son intuition l'incita à privilégier des délits, aisément commis des deux côtés du Nil. Il aurait été en effet frustrant d'avoir orchestré avec succès les pillages en Egypte pour se comporter en honnête homme, une fois de retour dans son pays. Son incitation à voler sans vergogne les ressources des autres provoqua l'indignation du Dieu tout puissant qui ne pouvait pas comprendre un tel agissement puisque le péché lui est inconnu.

Par conséquent, le huitième commandement fut publié sous une forme plutôt édulcorée : « *Tu ne déroberas point* ». Une subtilité parfaitement assimilée par l'ordre des finances publiques. Mais bon sang, bien sûr, taxer le travail ne constitue pas un vol mais une simple dérobade ! Le Ministère du budget célèbre très régulièrement l'apport de Moïse à la fiscalité moderne. À chaque commémoration, les sbires de Bercy offrent une tournée générale de hausses d'impôts pour préserver l'indiscutable leadership de la France en matière de prélèvements obligatoires.

Les deux derniers commandements étaient destinés à raisonner Moïse, parfaitement conscient que les moqueries dénigrant les nouveaux riches risquaient d'éteindre la flamme de la cupidité. Les effets néfastes du commerce inéquitable devaient donc rester méconnus. Ainsi, pendant les pillages précédant l'Exode, la réalité fut travestie car les turpitudes des judéens transgressaient ce que les populations indigènes acceptaient d'endurer.

Le Dieu tout puissant cogita longuement avant de rédiger le neuvième commandement. Demander aux terriens de dire constamment la vérité pouvait poser un grave problème de conscience à ceux qui un jour questionneraient la création de l'univers, divinement représenté depuis toujours sous la forme d'un éden, où batifolèrent deux pommes nommées Adam et Eve.

Comme pour le vol, l'art de la bonne formule allait se prouver décisif. Le terme mensonge fut immédiatement écarté car beaucoup trop proche du vécu quotidien des Judéens dont l'existence était consacrée au négoce. Un texte d'une admirable sobriété fut finalement retenu : « *Tu ne travestiras pas la réalité* ». Sa diffusion planétaire rassura les mortels en âge de lire les Tables de la loi, puisque la cupidité entretient une obsession qu'exalte la bêtise des envieux.

Les ordres politiques français, conscients de l'énormité des mensonges qu'ils colportent, n'osent plus repenser un modèle électoral moribond. Leur stratégie s'inspire donc d'une doctrine phare de François Mitterrand, à savoir « *laisser le temps au temps* ». Ils s'approprient les mots rapportés par la télévision publique alors que le leader socialiste se contentait d'indiquer, qu'impuissant dans son palais élyséen à cause d'une prostate déficiente, il était obligé de « *laisser pourrir la situation* ». Décidément, une bonne désinformation sera toujours politiquement supérieure à une mauvaise vérité !

En s'enfuyant d'Egypte, Moïse voulut que sa stratégie du commerce inéquitable passe à la postérité. Animé par une divine prémonition, il comprit que ce souhait s'exhausserait s'il réussissait à entretenir la flamme sacrée de la convoitise non seulement en Judée mais parmi tous les peuples de bonne et mauvaise volontés.

Redoutant un manque évident de raison chez ses futurs admirateurs, l'initiateur de l'Exode utilisait une formulation très exhaustive pour haranguer ses disciples sur le chemin du retour : « *Tu convoiteras les richesses des autres, la maison de ton prochain, sa femme, son serviteur, sa servante, son bœuf, son âne, bref tout ce qui lui appartient* ». Il faillit rajouter à cette liste les antiquités et les chevaux arabes mais se ravisa pour ne pas indisposer les marchands d'art égyptiens avec lesquels il désirait bâtir une indéfectible amitié. Le texte quelque peu longuet contraria la rédaction des Tables de la loi où le manque d'espace libre commençait à poser problème.

Idéalement, le catalogue des interdits aurait dû être revu de fond en comble tellement l'addiction de l'être humain à la cupidité est sans limite. Dans son immense sagesse, le Dieu tout puissant opta pour une solution d'une limpide simplicité ; son fils dont la venue sur terre était imminente serait chargé d'éditer le livre complet des tabous et autres péchés alors que les Tables de la loi ne subiraient que l'habituel toilettage réservé aux grossières infractions à la morale.

Nul ne saura si la fatigue avait gagné tous les esprits saints et malsains, mais le dernier commandement ne fit qu'inverser le sens du discours que tenait habituellement Moïse à ses fidèles.

Il est manifeste que cet ultime commandement nécessite actuellement un sérieux lifting ; les aides ménagères et les animaux domestiques ne font plus rêver. Par contre, les propriétés luxueuses, les voitures de sport, les yachts, les bijoux et la trop haute couture ont tous le potentiel de démultiplier la cupidité à l'infini avec le soutien des élus. Ceux-ci ciblent en priorité les événements planétaires utilisés par les oligopoles du commerce inéquitable pour crétiniser la conscience humaine. En tête de liste, figurent la coupe du monde de football, les jeux olympiques et les mariages royaux qui partagent tous un même dessein, créer cette intense émotion populaire que des estomacs vides assimilent par magie à de l'abondance.

En ce qui concerne les unions princières, les monarchies ou les principautés vieillissantes sont fréquemment contactées. Mais le nombre des cours royales s'étant rétréci comme peau de chagrin, les bonnes occasions se font rarissimes. La France ayant décapité son dernier roi depuis bien longtemps, les politiques s'enflammèrent en 2011 pour le rocher de Monaco où survivait, par chance, un prince décati mais disponible sur le marché très coté des célibataires fortunés. La stratégie était comme la mariée, bien trop belle. Le bon peuple aurait ses noces prestigieuses à condition toutefois de ne pas se faire griller la politesse par des Anglais exhibant sournoisement le carrosse doré d'une autre union, pour combler le prévisible vide médiatique avant les olympiades de 2012.

Maîtrisant, grâce à Moïse, la manière d'instaurer durablement le commerce inéquitable, les ordres français s'angoissent toujours de n'avoir pas placé la barre suffisamment haut. Avec qui commercer ? Quel est le partenaire idéal ? Existe-il seulement une nation dont l'État encourage l'athéisme, le luxe ostentatoire, la dictature, le travail sept jours par semaine, le déracinement familial, la pollution industrielle, le tourisme sexuel, le pillage des ressources du tiers-monde, la désinformation et pour conclure l'hégémonie de l'argent ?

Sous François Mitterrand, les syndicats de gauche cherchèrent tout naturellement à privilégier les dictatures communistes pour soviétiser la France. Mais, Cuba n'avait plus d'économie et de leader en bonne santé mentale depuis plusieurs décennies. L'Union Soviétique avait quant à elle renié le collectivisme et basculait dans l'affairisme mafioso-libéral.

Finalement, seule la Chine présentait les garanties suffisantes. Un choix qui mena l'industrie manufacturière française tout droit à la ruine et que le Parti Socialiste n'a curieusement jamais anticipé ni dénoncé. Celui-ci, prisonnier de son idéologie dépassée, en est réduit à diaboliser le libéralisme équitable de la Droite modérée comme Hitler utilisait naguère le Reichstag pour légitimer son opposition au communisme.

Le Front National a ainsi le champ libre pour attirer les déçus de la mondialisation des échanges commerciaux. L'exploitation de cette déception forme un amalgame de refus primaires où figurent pêle-mêle la monnaie, l'immigration et les importations. Tout ce qui est étranger devient suspect, de la couleur des billets à celle de la peau.

Lorsque le cycle infernal de la « Démocrotte » parvient à son terme, les citoyens n'ont plus que la révolution comme porte de sortie. Les soulèvements violents sont réservés aux peuples politiquement primitifs et à l'aube de cruelles désillusions. Des citoyens incultes ne pourront jamais construire une société libre de l'influence néfaste des élus. Les printemps arabes, par exemple, donnent naissance à des dictatures religieuses, une aberration politique que la France a écartée de son histoire dès 1905, en promulguant une loi séparant la religion et l'État.

Une révolte intelligente offrirait pourtant à la France l'opportunité de se désembourber de la profonde « Démocrotte » dans laquelle elle se vautre depuis l'avènement du Mitterrandisme en 1981. Les cadres, les professions libérales, les artisans et les commerçants peuvent initier le premier soulèvement réfléchi et non violent de l'histoire de l'humanité. Les vrais libéraux démocrates possèdent un forum moderne dénommé « Internet » pour mettre un terme à l'emprise des élus qui ont causé l'effondrement moral et économique de la nation.

Les classes moyennes ont les compétences pour mettre fin au commerce inéquitable. Au moyen de réseaux sociaux, elles peuvent censurer les entreprises étrangères qui ne procurent ni assurance-maladie ni retraite à leurs salariés. Les importations en provenance des pays voyous, où la contrefaçon pollue tout autant que l'industrie, chuteront alors vertigineusement. Consommer français deviendra très tendance.

Il devient urgent d'organiser en France un referendum en vue d'éviter toute résurgence du commerce inéquitable. Aucune raison pour qu'un pays moderne importe plus de 30 % des biens et services qu'il consomme ! Comme aimait à le répéter un parlementaire moins inconscient que les autres : *« si les Chinois savent si bien fabriquer des godasses et des fripes, qu'ils viennent les produire chez nous »*. Une nouvelle logique des importations aura le mérite de mettre fin aux interminables querelles sur les droits de douane qu'orchestre stérilement l'Office Mondial du Commerce (OMC).

La révolution silencieuse et pacifique de la France doit se mettre en marche. Les nations ne commerçant pas selon le principe de réciprocité des droits politiques, sociaux et écologiques sont à bannir sans ménagement par une opinion publique refusant désormais cette *« démocrotie »* imposée par la collusion des partis politiques et des syndicats.

Conclusion

Liberté, Égalité, Responsabilité

Finalement tous les problèmes actuels de la France découlent de deux erreurs politiques, en 1789 et 1946 pour être précis. Des bévues républicaines que l'on devrait enseigner en priorité dans les écoles, collèges et lycées au lieu de nous bassiner avec un Marignan 1515 totalement anodin. À travail bâclé, résultat raté. Sous la pression de mouvances politiques cherchant à s'emparer rapidement du pouvoir en plein chaos populaire, la Déclaration des Droits de l'Homme et du Citoyen fut écrite puis révisée dans la précipitation. Sa première version négligea beaucoup trop la notion de devoir. En accédant au pouvoir, les laissés pour compte de la royauté n'avaient logiquement qu'une seule obsession en tête, faire valoir les libertés que la noblesse leur déniait.

En 1946, plus d'un siècle et demi plus tard, la seconde mouture de cette déclaration aurait dû combler les criantes lacunes de révolutionnaires sanguinaires aveuglés par l'égalitarisme. L'inverse se produisit car les ajouts à la constitution française n'avaient qu'une seule finalité : imposer les fondements de l'internationale socialiste pour obtenir le soutien puis la participation du parti communiste à une alliance politique pouvant gouverner la France.

Il en résulte un texte d'une rare indignité où sont inscrits le droit de grève, les nationalisations et la nécessité publique. Bref un ensemble de dispositions qui ne peuvent se conformer à l'ensemble des droits que la constitution stipule. Nous avions déjà clamé notre indignation au début de cet ouvrage face à un article qui dénature totalement les valeurs de la république : « *l'exercice des droits naturels de chaque homme n'a de bornes que celles qui assurent aux autres Membres de la Société, la jouissance de ces mêmes droits. Ces bornes ne peuvent être déterminées que par la Loi* ».

Une rédaction inexcusable ! Chaque droit du citoyen n'a de bornes que les principes énoncés dans le préambule de la constitution. Par exemple, si un droit de grève est stipulé, il ne peut contrevenir aux obligations relatives à la liberté et la fraternité. En outre, l'application des lois exige que la séparation des pouvoirs soit possible et respectée. Sinon, son effet est contre-productif puisqu'elle sert l'utilité particulière de ceux auxquels elle est confiée. Une réalité bien trop actuelle qui se traduit notamment par le fait que les autorités en charge du jugement et de l'instruction n'opèrent pas indépendamment. La « Démocrotte » s'installe alors définitivement puisque les représentants du peuple agissent en toute impunité. En mathématique, 1789 plus 1946 donne 3735. En droit constitutionnel, ces deux chiffres se réduisent à un préambule comprenant 42 articles mal rédigés et présentés dans un fouillis indescriptible.

Normal me direz-vous, car les politiques possèdent tous le talent de convertir une valeur universelle en une flopée d'oukases confortant leur utopie. Le foutoir dans le préambule de la constitution est incompréhensible car trois valeurs universelles, liberté, égalité et fraternité, offraient l'opportunité de structurer un texte simple et concis que tous les citoyens apprendraient par cœur. Pour y parvenir, il aurait fallu clarifier systématiquement les exigences définissant un droit : son principe fondateur, l'obligation qu'elle crée pour le citoyen et la conformité de la loi qui en assure l'application.

A titre d'exemple, analysons la liberté dont le fondement n'a rien de très compliqué : « *Les hommes et les femmes naissent totalement libres de penser, s'exprimer, agir, défendre leurs droits et accéder à la propriété.* » Elle impose au citoyen le devoir de « *pouvoir faire tout ce qui ne nuit pas à autrui* » et ne sera effective que si « *La République Française n'emploie jamais ses lois et ses forces contre la liberté des citoyens et des peuples* ».

Le préambule approximatif de la constitution française fait qu'aujourd'hui les lois produites par le parlement renforcent les privilèges octroyés aux ordres et aux assistés qui soutiennent le pouvoir politique. La législation délaisse ainsi la notion de responsabilité universelle pour établir un droit surprotégeant les plus pauvres et les plus riches ; les classes moyennes perdant quant à elles leur liberté.

Comme sous-entendue dans les chapitres précédents, la responsabilité est la meilleure des fraternités puisqu'elle s'oppose à l'assistanat qui prive à long terme les citoyens de leurs droits fondamentaux. Elle a donc vocation à devenir le troisième principe universel de la constitution française, après la liberté et l'égalité. Le message qu'elle véhicule est aussi simple et vertueux que *« aide-toi, le ciel t'aidera »*.

Le respect de la dignité humaine et de l'environnement doit également trouver sa juste place dans le préambule de la constitution. L'hégémonie des médias et l'incivisme exacerbent les violences verbale et visuelle à des niveaux que ne pouvaient imaginer ceux qui rédigèrent la Charte des Droits de l'Homme et du Citoyen.

Il y a bien longtemps, Les Egyptiens endurèrent dix plaies suite à leur refus de laisser émigrer la *« Bande à Moïse »*. Depuis 1946, la France subit le même nombre de châtiments pour avoir énoncé un droit constitutionnel indigne d'une démocratie. Les maux que leur ont infligés les élus sont bien plus traumatisants que les calamités dont furent frappés les pharaons : insécurité, grèves, prélèvements obligatoires, irresponsabilité des magistrats, impunité politique, commerce inéquitable, déficits publics, droit administratif, désinformation des médias et urbanisme défiguré. Du très lourd, en comparaison des invasions de moustiques, sauterelles, grenouilles et autres bestioles qui perturbèrent l'Egypte peu avant l'Exode.

Face à une république totalement corrompue, nombreux sont les électeurs français qui attendent désespérément un nouvel orage similaire à celui du Sinaï, mais sur le Mont-Blanc s'il vous plaît, en ultra haute définition et en trois dimensions. Leur foi est tout à leur honneur ! Mais l'espoir divin ne doit pas occulter le fait que seule la refonte des droits constitutionnels fondamentaux mettra un terme à l'hégémonie des politiques. En mémorisant les dix articles ci-après dès leur plus jeune âge, les citoyens seront armés pour remettre en cause les privilèges des assistés et élus que la loi surprotège illégalement.

* * *

Au nom de la République

Article 1 : Chaque droit du citoyen n'a de bornes que les autres droits énoncés dans la constitution de la République Française. L'application des droits ne peut être déterminée que par la loi et doit être garantie par la séparation sans faille des pouvoirs.

Au nom de la Liberté

Article 2 : Les hommes et les femmes naissent totalement libres de penser, s'exprimer, agir, défendre leurs droits et accéder à la propriété. Nul ne peut être privé ou lésé de sa liberté en raison de ses origines, ses opinions ou ses croyances.

Article 3 : La liberté consiste à pouvoir faire tout ce qui ne nuit pas à autrui et à l'environnement. Sa manifestation ne saurait porter atteinte à l'ordre public, au devoir de répondre de ses actes, au respect de la dignité humaine et à l'écologie.

Article 4 : La République Française n'emploiera jamais ses lois et ses forces contre la liberté des citoyens et des peuples. Personne ne peut être contraint de faire ce que la loi n'ordonne pas.

Au nom de l'Egalité

Article 5 : Les personnes naissent et demeurent égaux en droits. La Nation garantit à ses citoyens un libre et un égal accès à l'instruction, à la culture et à toutes dignités sociales sans autre distinction que celle des talents qu'ils ont su démontrer.

Article 6 : L'égalité impose aux citoyens les mêmes droits et les mêmes devoirs. Elle est l'expression de la volonté et de l'intérêt général. La loi est la même pour tous, soit qu'elle protège, soit qu'elle punisse.

Article 7 : La garantie des droits de l'Homme et du Citoyen nécessite une fonction publique indépendante et des lois instituées pour l'avantage de tous, et non pour l'utilité particulière de ceux auxquels elles sont confiées.

Au nom de la Responsabilité

Article 8 : Chacun a le droit d'exercer une activité lui permettant de vivre et de se développer sans qu'il ne soit porté atteinte à sa santé et à sa dignité. Toute personne dans l'incapacité légalement reconnue de travailler a le droit d'obtenir des moyens convenables d'existence.

Article 9 : Chaque citoyen en âge et en condition de travailler a le devoir d'apporter à la société une contribution dont la rémunération doit être équitablement répartie en fonction des efforts fournis et ne faire l'objet d'aucune dissimulation.

Article 10 : La loi doit établir des obligations, des impositions et des peines strictement justifiées en vertu d'un texte légalement promulgué antérieurement aux faits et aux délits concernés. Toute personne est présumée innocente jusqu'à ce qu'elle ait été déclaré coupable.

* * *

L'ensemble des inégalités et aberrations législatives dénoncées dans cet ouvrage n'auraient jamais vu le jour si le parlement avait respecté les droits fondamentaux dont la teneur vient d'être dévoilée. Depuis 1789, les citoyens français ont cru que le dévouement politique allait leur garantir la liberté, l'égalité et la fraternité. Un fantasme que le Dieu tout puissant, qui voit tout mais ne dit rien, avait parfaitement anticipé.

Cet ouvrage va donc réparer une erreur tragique de retranscription causée par un collègue légèrement aviné de Moïse. En gravant les premières Tables de la loi, le Dieu tout puissant n'avait jamais utilisé la lettre « u ». Voulant mettre les points sur les « i », il avait pris soin au sommet du Sinaï de condamner sans ambiguïté le « *dévoiement politique* ».

Seul un miracle pourra sauver la France du désastre que provoque la « Démocrotte ». Un espoir subsiste car l'histoire des grandes nations a toujours été marquée par l'avènement de prodiges politiques. Le Général de Gaulle fut l'un d'entre eux. Le prochain sera sans conteste le courage du peuple français lui-même qui doit prendre en main son destin pour en finir avec l'État socialo-défaillance créé par François Mitterrand.

Au lieu de surfer sur le chômage, l'immigration, et l'islamisation, le prochain chef d'État dont la France a tant besoin devra focaliser l'énergie de la nation toute entière autour de la plus belle priorité sociale qui soit : l'esthétisme. Des millions de logements et des milliers de bâtiments sont à démolir puis à rebâtir pour redonner à la France sa beauté originelle et sa fierté. La centaine de milliards d'euros engloutis chaque année dans un assistanat stérile devraient être utilisés pour reconstruire un pays où un quart de la population ne vit plus correctement. Vivement un « new deal » à la française !